Julius Ullmann

Studien zu Richard Rolle de Hampole

Julius Ullmann

Studien zu Richard Rolle de Hampole

ISBN/EAN: 9783743341265

Hergestellt in Europa, USA, Kanada, Australien, Japan

Cover: Foto ©Thomas Meinert / pixelio.de

Manufactured and distributed by brebook publishing software (www.brebook.com)

Julius Ullmann

Studien zu Richard Rolle de Hampole

RICHARD ROLLE DE HAMPOLE.

INAUGURAL-DISSERTATION

WELCHE

NEBST BEIGEFÜGTEN THESEN

MIT GENEHMIGUNG

DER PHILOSOPHISCHEN FACULTÄT DER UNIVERSITAT

BRESLAU

BEHUFS ERLANGUNG DER DOCTORWÜRDE

GEGEN DIE HERREN

DR. PHIL. FRANZ KÖRNIG,
CAND. PHIL. FEDOR REICHEL

MONTAG, DEN 27. AUGUST 1883,
VORMITTAGS 11 UHR

IN DER AULA LEOPOLDINA

ÖFFENTLICH VERTHEIDIGEN WIRD

JULIUS ULLMANN

AUS BRESLAU.

HEILBRONN.
1883.

HERRN PROF. DR. EUGEN KÖLBING

IN DANKBARER VEREHRUNG

GEWIDMET.

Bei dem regen eifer, welcher in neuerer zeit der me. litteratur zugewendet wird, muss es befremden, dass man einem manne wie Richard Rolle von Hampole, dem berühmten eremiten aus Yorkshire, welcher nach der zahl der unter seinem namen angeführten werke und handschriften zu urtheilen einer der fruchtbarsten schriftsteller seiner zeit gewesen ist und einen grossen einfluss auf die geistliche litteratur der nachfolgenden epoche geübt hat, noch so wenig aufmerksamkeit gewidmet hat, dass über sein leben wie seine werke mannigfaches dunkel herrscht. Morris' verdienst war es, 1863 zum ersten mal eines seiner werke: The Pricke of Conscience (Stimulus Conscientiae), veröffentlicht zu haben. 1866 folgten einige prosaabhandlungen unter dem titel: English Prose Treatises of Richard Rolle de Hampole, published by Perry for the E. E. T. S. Weiteres ist seitdem nicht erschienen. Um so gerechtfertigter wird daher auch der geringste beitrag zum studium dieses mannes sein, dessen werke ein schwacher abglanz sind von dem, was er einst seinen zeitgenossen gewesen ist. Ich war in der glücklichen lage, durch die gütige vermittelung des herrn prof. Kölbing auf diplomatischem wege von der Cambridger universitätsbibliothek eine handschrift leihweise auf ein vierteljahr zu erhalten, welche nach der ausdrücklichen angabe des schreibers zwei werke Richard Rolle's enthält, und gedenke im folgenden auf dieselben näher einzugehen.

A. Die handschrift.

Der codex führt auf seinem rücken die bezeichnung L. 1 — Praiers in verse — MS. 1. 8., ist in leder gebunden, 15 cm breit, 25 cm lang und enthält 207 pergamentblätter, die von Bradshaw's hand mit bleistift blattweise paginirt sind. Die ersten 200 folioblätter enthalten ein rund 16 000 verse langes gedicht, an dessen schluss sich der vermerk findet: Explicit quidam tractatus super pater noster secundum Ricardum Hampolem, qui obiit anno domini millesimo ccc^{mo} octogesimo quarto. Reynold cognomen scriptoris possidet omen. Amen. Auf den letzten 14 folioseiten steht eine prosaabhandlung mit dem schlussvermerk: Explicit quedam meditacio Ricardi, heremite de Hampole de passione domini, Qui obiit anno domini M° CCC° XL° VIII°. Die schriftzüge sind im ganzen sauber und regelmässig mit jetzt gelblicher, auf manchen seiten sehr verblasster tinte. Das erste blatt hat durch einwirkung der tinte stark gelitten und ist brüchig; das letzte ist durch aufliegen und feuchtigkeit sehr verdunkelt, wodurch manche buchstaben ganz verschwunden sind. Blatt 208 ist verloren, wie der am schluss des bandes unten am rande mit bleistift von Bradshaw angeführte vermerk 'one leaf gone' zeigt; die prosaabhandlung ist jedoch vollständig. Die verschiedenen theile des gedichts schliessen sich ohne äussere unterbrechung eng an einander. Die einzelnen abschnitte sind mit bunt verzierten initialen geschmückt; die passus sind nicht gezählt, sondern am rande des MS. sind paragraphen roth gezeichnet, an welche sich gewöhnlich eine in lateinischer sprache verfasste überschrift schliesst. Die reimpaare sind am rande durch rothe klammern bezeichnet, freilich oft falsch; dies versehen ist bisweilen von einer zweiten jüngeren hand verbessert. Nur die initiale des prosatractats, welche sich durch äussere grösse auszeichnet, ist farbig und decorativ ausgeführt. Neue passus desselben werden durch rothe verticale paragraphenzeichen bemerkbar gemacht. Die anfangsbuchstaben von eigennamen sowie lateinische citate befinden sich auf gelblichem grunde. Die erste und letzte zeile einer seite stehen auf linien, welche indess vielfach verlöscht sind. Die folioseite enthält durchschnittlich 42 zeilen; die zahl schwankt zwischen 39 und 45. Ueber die zeit der entstehung des MS. bietet weder die handschrift noch der inhalt den geringsten anhaltspunkt. Aus paläographischen gründen werden wir es jedoch mit einer gewissen wahrscheinlichkeit in das ende des 14. jahrhunderts setzen können. Das gedicht und der prosatractat gehören zweifelsohne einem schreiber an, wie die schriftzüge und graphischen eigenthümlichkeiten bezeugen.

An graphischen schwierigkeiten fehlt es nicht; das lesen ist oft an stellen erschwert, an welchen das pergament ganz durchscheinend ist; bedeutende schwierigkeit bietet die unterscheidung von n und u, von þ und y, von c und t; in solchen fraglichen fällen muss zusammenhang und sinn entscheiden. Manche ungenauigkeiten hat sich der copist zu schulden kommen lassen, ja öfters sind sogar ganze zeilen ausgefallen. Neben der ursprünglichen schrift lässt sich deutlich eine zweite jüngere hand erkennen, welche unleserlich gewordene wörter auffrischte, manchmal auch eigenmächtig änderte.

B. Inhalt des MS.

a. Inhalt des gedichtes.

Der gedankengang dieser umfangreichen dichtung ist in kurzen worten folgender:

Der autor erfleht die gnade gottes für einen guten anfang und schluss seines gedichts, bittet die zuhörer um aufmerksamkeit für seinen vortrag und erklärt, ihnen keine unterhaltung von unnützen eitlen dingen zu geben; nicht nach art von minstrels will er von liebe und waffenruhm reden, sondern von dingen, welche nützlich sind für seele und leben; er will sprechen von den mitteln und wegen, welche zum himmel führen und zwar in englischer sprache, die allgemein verständlich ist, nicht in lateinischer, welche nur die gelehrten kennen; er will dem menschen einen spiegel vorhalten, in welchem ein jeder sein leben sehen mag. Alsdann giebt er den gang seiner darstellung an; so beabsichtigt er zunächst von den kräften des Vaterunsers zu handeln, dann von den sieben bitten und ihren wirkungen, den sieben gaben des heil. geistes, den sieben hauptsünden, den sieben tugenden, den sieben seligkeiten und den siebenfachen belohnungen. Er hebt nun die drei eigenschaften des Vaterunsers: »würde, kürze und nutzen« hervor, erklärt einzeln die sieben bitten und geht dann über zur auseinandersetzung der worte: »Vaterunser, der du bist im himmel«. Er äussert sich da zuerst über die macht und grösse des vaters, seine weisheit, güte und gerechtigkeit, über die dreieinigkeit gottes und die liebe, ehre und achtung, welche sein name von uns verlangt. Der autor richtet dann an die zuhörer die mahnung, auf die wahrhaftigkeit gottes zu vertrauen wie auf die kirche; diese ist unsere mutter wie gott unser vater; sie ernährt uns wie die mutter ihr kind; die milch ist die heil. schrift, die brüste sind das alte und neue testament, zehn ströme einerseits bezeichnen die zehn gebote, zwölf ströme andererseits die zwölf glaubensartikel. Beim achten artikel verbreitet er sich ausführlich über die sieben gaben des heil. geistes, beim neunten über die sieben sacramente. Hieran schliesst sich die erklärung der worte 'in celis', wobei er der allgegenwart gottes gedenkt, welcher hoch über allem irdischen thront, und zu dem man nur durch busse und fromme werke gelangen kann. Der weg zum himmel ist eng und uneben; nur wer die drei göttlichen und vier cardinaltugenden hat, wird diese schwierigkeiten überwinden. Von besonderer wichtigkeit sind die letzteren, denn sie leiten den menschen, wie der papst durch seine cardinäle die heil. kirche regiert. Der mensch kann von guten werken gestärkt werden, welche aus zweifacher lebensart hervorgehen, der vita activa und der vita contemplativa, den leiblichen und geistlichen werken der barmherzigkeit. Auf den prolog des Vaterunsers folgen die sieben bitten, über welche sich der dichter in einer fein verzweigten darstellung verbreitet; diesen entsprechen die sieben gaben des heil.

geistes, welche aus dem herzen die sieben todsünden vertreiben. In der ersten bitte erflehen wir die gabe der weisheit, in der zweiten die des verstandes u. s. w. Bei der siebenten bitte malt er recht schwarz das laster des stolzes in seinen mannigfachen verzweigungen, und in hellen farben schildert er die tugend der sanftmuth; dann spricht er vom neid und seinem gegensatze, der christlichen liebe; hieran reiht sich eine eingehende schilderung von der gabe der stärke, von den fehlern, welche den anfang eines besseren lebens hindern und von denjenigen, welche dem menschen ein frühes ende bereiten. Hierauf hebt der autor die rechtschaffenheit mit ihren eigenschaften hervor, spricht vom beständigen kampfe gegen die welt, den teufel und die fleischeslust und empfiehlt als waffe dagegen reue, beichte und busse. Die gabe des rathes, welche wir in der dritten bitte erflehen, beseitigt das laster der habgier, über die eine sehr in's einzelne gehende darstellung folgt; an ihre stelle soll die barmherzigkeit treten. Bei dem sehr detaillirten excurs über die sieben geistlichen und leiblichen werke der barmherzigkeit führt er muster an aus der heil. schrift, wie Abraham und Lot. Hieran schliesst sich die gabe des verstandes, welche wir durch die zweite bitte gewinnen; sie beseitigt die sünde der unkeuschheit, sowohl in gedanken wie in werken, und an ihre stelle tritt die tugend der keuschheit; hierbei citirt der dichter eine reihe von beispielen weiblicher treulosigkeit und spricht von der list der frauen, welche sogar einen Samson, einen Salomon, einen David überwunden haben. Ein hauptmittel gegen dieses laster ist das gebet, gebaut auf glaube, liebe und hoffnung. Wie kein botschafter ohne empfehlungsschreiben vor dem könige erscheinen darf, so dringt auch kein gebet zu gott ohne liebe und demuth. Der sonntag und die feiertage, besonders die drei grossen christlichen feste sind zu heiligen; von diesen gewinnt der autor den übergang zur betrachtung der zeit und wendet sich an seine zuhörer mit der mahnung, diese nicht unbenützt verstreichen zu lassen, sondern gute werke zum himmel vor sich her zu senden. Wie man ferner vor den könig von England nur in ehrfurchtsvoller ergebenheit mit einer bitte tritt, so muss man mit um so grösserer demuth sich dem könige aller könige nähern. Den lords giebt der dichter ein vorbild an David, den ladies ein muster an Esther; wenn sie weise wären, sollten sie ihre würden vergessen und stets an den tag des gerichts denken, an dem hoch und niedrig vor den thron gottes treten wird. Zum gottgefälligen gebet gehören ausser vertrauen, hoffnung und demuth noch fasten und almosenspenden. Wie der autor mit grellen farben das laster der unkeuschheit schilderte, so preist er begeistert die tugend der keuschheit; weise rathschläge ertheilt er mädchen, frauen und wittwen, stellt die Judith und die heil. Anna als nachahmenswerthe muster hin, redet dann von der wahren religion und entrollt ein anmuthiges gemälde von den freuden, welche den wahrhaft religiösen mann einst erwarten. Die gabe der weisheit, welche wir durch die erste bitte erlangen, ist die höchste gabe, welche der mensch erringen kann; aus dem herzen entfernt sie das laster der schwelgerei und setzt dafür die tugend der mässigkeit; dann wird von den vergehen des mundes, von den fehlern der zunge gesprochen, und es folgt eine ausführliche darstellung der lüge mit ihren zahlreichen verzweigungen. Um einst die freuden des himmels geniessen zu können, soll man die tugend der mässigkeit üben in gedanken, worten und thaten; sie ist die grösste tugend, alle anderen sind mehr oder weniger zweige von ihr; wer sie besitzt, hat das herz vom weltlichen entfernt und es mit gott verbunden; auf ihn, den herrn des himmels, soll man seine augen richten. Den frieden, welchen gott seinen freunden verheissen hat, vermag keine zunge zu erzählen; ihn erlangen wir durch die gabe der weisheit; diese ist die erste der bitten, welche wir erflehen, die letzte, welche wir zu erringen haben; bei der untersten, der furcht gottes, müssen wir beginnen; beide gaben halten die anderen fest; gott sende uns beide und verleihe uns seine gnade, sie nie zu verlieren! Dann haben wir auch die übrigen gaben in sicherem besitz. Gott sende uns seinen beistand! Amen. Hiermit schliesst das eigentliche gedicht; der autor wirft noch einmal einen flüchtigen rückblick auf die tugenden und laster, über welche er gehandelt hat und auf das, was dem menschen nützlich und gott wohlgefällig ist; er bittet schliesslich für diejenigen zu beten, welche dieses buch in die englische sprache übertrugen; wer für andere betet, wird seinen sicheren lohn haben. 'Gott gewähre ihnen dafür seine gnade, damit sie der himmlischen freuden theilhaftig werden, zu denen uns alle Christus der herr bringen möge, der am kreuze für uns gestorben ist.'

b. Inhalt des prosatractats.

Der autor giebt eine darstellung der leiden christi bis zu seiner grablegung, in gehobener, poetischer sprache, oft sogar in schwärmerischem tone, indem er an die einzelnen momente der handlung seine betrachtungen knüpft. Ein genaueres eingehen auf den inhalt der Meditatio scheint mir um so weniger nothwendig, als die darin besprochenen historischen thatsachen bekannt sind, und der tractat am schluss meiner abhandlung vollständig abgedruckt ist.

C. Die autorschaft des gedichts und der prosaabhandlung.

Am schluss beider schriften findet sich, wie oben bemerkt, die angabe, dass Richard Rolle von Hampole, jene bedeutende erscheinung auf religiös-litterarischem gebiet in der englischen litteratur des 14. jahrhunderts, der verfasser derselben ist. Da der copist beider in dieser handschrift vereinigten werke, wie bereits erwähnt, derselbe ist, so wird man, wenn die eine angabe des autors sich als richtig erweist, auch mit einer gewissen wahrscheinlichkeit schliessen können, dass der andere vermerk richtig ist. Nun ist die feststellung des autors der prosaabhandlung insofern schwierig, als wir vor allem für die fixirung des dialekts, in welcher sie abgefasst ist, nicht das sonst untrügliche hilfsmittel des reims haben, während andererseits, wie Kölbing in Lemcke's Jahrb. XV, p. 191 ff. in bezug auf die handschriften der Ancren Riwle gegen Wülcker mit vollem recht betont hat, eine auf die handschriftliche überlieferung allein gegründete untersuchung sehr leicht zu trugschlüssen verleiten kann. Dazu kommt noch, dass von den prosaabhandlungen Rolle's erst sehr wenige veröffentlicht sind, und diese einen ganz anderen ton athmen als die vorliegende Meditatio, so dass sich aus dem stil allein nicht wohl ein schluss auf den autor machen liesse; daher werden wir zuerst das gedicht in's auge zu fassen haben. Wenn sich zunächst im schlussvermerk desselben die angabe des jahres 1384 als todesjahr Richard Rolle's findet, so ist dies ein schreibfehler für 1348 oder 49. Bis jetzt hat sich noch niemand eingehender mit diesem gedicht beschäftigt. Die einzige notiz, welche wir darüber besitzen, befindet sich in Warton, History of English poetry, London 1871, bd. III, p. 116; auffallend ist, dass derselbe litterarhistoriker an der einen stelle Richard Rolle, an einer anderen William of Nassington, ebenfalls ein mönch des 14. jahrhunderts aus Yorkshire, als autor des Pater noster, wofür er auch Speculum vitae setzt, angiebt. Er führt zum beweise diejenige stelle aus dem gedicht an, in welcher der autor bittet, für den verfasser des gedichts zu beten. Dieser bei Warton aus dem Ms. reg. 17 c. VIII abgedruckte passus, sowie die übrigen als probe angeführten stellen stimmen, abgesehen von dialektischen eigenthümlichkeiten, im ganzen mit den betreffenden stellen unseres MS. überein; der autor ist hier jedoch nicht genannt. Die betreffende stelle lautet nämlich 200a 33 [1]):

At þis tyme wyle I no more[2]) say[3]),
But ʒe þat han herd þis, I ʒow pray,
þat ʒe pray for hem, boþe olde and ʒunge,
þat turnyd þis boke into Englysch tunge,
Where sere þei be and in what stede,
Wheþer þei lyue or þei be dede,
And ʒe þat prayen for oure travayle,
Of mede for hem schulen ʒe nouʒt fayle.

Ms. reg. 17 c. VIII, eine papierhandschrift des 15. jahrhunderts, deren schreiber Rycerdus Rokeby heisst, hat für die vier verse von þat ʒe pray — dede die verse:

þat ʒe wald pray specialy
For freere John saule of Waldby,
þat fast studyd day and nyght
And made þis tale in Latyne right.
Prayes also with deuocion
For William saule of Nassyngtone.

---

[1]) Da das MS. noch nicht edirt ist, so bemerke ich, dass sich die erste zahl stets auf das folioblatt, a auf die vorderseite desselben bezieht, während die letzte zahl den vers angiebt.
[2]) Die verschiedenen abbreviaturen habe ich aufgelöst und gebe sie in den belegen durch gewöhnliche schrift wieder.
[3]) In der setzung der interpunktion habe ich mich vom deutschen sprachgebrauch leiten lassen.

Für v. 39 and ȝe þat prayen for oure liest dieses MS. Of mede of gode for your. In Ms. Sloane 435 finden sich die varianten, v. 35: for him, v. 37: where so he, v. 38: he lyue or he be dede[1]).

Aus einer notiz von Frederick Madden[2]), auf den ersten blättern des oben genannten Ms. reg., entnehmen wir, dass die angabe über William de Nassington als autor des gedichts sich nur in zwei handschriften befindet, in einer zu London, welche Warton vorlag, und in einer zweiten zu Lincoln. Der wortlaut dieser letzteren liegt mir leider z. z. nicht vor. Madden entscheidet sich für Nassington; offenbar aber hat er die notiz in unserem MS. nicht gekannt, sonst würde er diesen widerspruch erwähnt haben. Ferner ist gegen Madden geltend zu machen, dass die grosse anzahl der übrigen handschriften in den schlussversen überhaupt nichts von einem verfasser sagt; es wäre nun doch sehr merkwürdig, wenn gerade nur in den beiden ziemlich späten MSS. zu London und Lincoln der name des autors sich erhalten hätte; es ist vielmehr zum mindesten nicht unwahrscheinlich, dass wir es hier mit einer nachträglichen interpolation zu thun haben, während eine nach dem schlusse des gedichtes in einer hs. beigefügte angabe über den verfasser bedeutend unverfänglicher erscheint.

Sehen wir von diesem momente ab — ein durchschlagender beweis lässt sich auf demselben ja immerhin nicht aufbauen — so stehen wir vor zwei einander stricte widersprechenden zeugnissen, also vor der nothwendigkeit, uns nach der einen oder anderen seite hin zu entscheiden. Die frage, ob der verfasser des Sp. v. (= Speculum vitae) mit dem des St. csc. (= Stimulus conscientiae) identisch ist oder nicht, wird sich nun nach meinem dafürhalten einer entscheidung näher führen lassen, wenn wir im folgenden beide gedichte in dialektischer und stilistischer hinsicht einer eingehenden untersuchung unterziehen und besonders gewisse wörter und redewendungen berücksichtigen, in deren zahlreichen anwendung sich die vorliebe des autors documentirt; zugleich erhalten wir durch eine solche prüfung eine charakteristik des an sich nicht uninteressanten langen gedichtes.

Wenn ich mit der dialektischen untersuchung des Sp. v. beginne, so weiss ich natürlich sehr wohl, dass die mundart für sich allein nicht im stande ist, zeugniss für oder gegen die autorschaft eines

---

[1]) Diese handschriftlichen notizen verdanke ich der liebenswürdigkeit des herrn prof. Kölbing.
[2]) Es ist sehr zu bedauern, dass Madden sein ausserordentlich reiches wissen in bezug auf die schätze der englischen bibliotheken nicht in einem bedeutenderen werke niedergelegt hat, sondern nur in flüchtigen notizen in den handschriften des Britischen Museums.

werkes abzulegen; man kann höchstens zu dem schluss gelangen, dass zwei poetische denkmäler in ein und derselben gegend entstanden sind. Diese untersuchung wird noch durch den umstand erschwert, dass das Sp. v., wie ein flüchtiger blick lehrt, ein südliches gepräge an sich trägt; es liegt hier nämlich der nicht seltene fall vor, dass eine ursprünglich im norden abgefasste schrift in die südliche mundart umgeschrieben ist, denn dieser dialekt war der am meisten verbreitete und allgemein verständliche. Es werden sich jedoch aus den reimen, auf die allein ich meine untersuchung gründen kann, eine reihe sprachlicher eigenthümlichkeiten ergeben, welche für die beurtheilung des autors nicht ohne wichtigkeit sind.

a. Die kurzen vocale.

AE. a.

ae. ă vor m zeigen folgende beweiskräftige reime: Jame: name 125ᵃ 25, name: blame 10ᵃ 11: same 10ᵃ 19, 112ᵇ 18; cf. nam: Adam 482 [1]); hier geben der eigenname wie die fremdwörter einen sicheren anhalt, ă vor n ist gesichert in folgenden reimen: Susan: womman 103ᵃ 36, wommane: Anne 141ᵇ 42, man: lurdan 157ᵃ 7, þan: Sathan 177ᵃ 1, Dathan: þan 178ᵇ 29; die ae. präposition an erscheint als on in Symown: þereon 15ᵇ 18; cf. Syon: þaron 2130. ă vor nd findet sich im nordhumbrischen dialekt besonders in den part. praes.: vnderstande: Ingelande 1ᵇ 24, folewande: vnderstande 18ᵇ 30; freilich sind solche reime nicht beweiskräftig.

AE. æ.

ae. æ̆ erscheint 1) als a in smale: tale 169ᵃ 40, smale: hale 73ᵇ 22; für hole: smale 69ᵃ 41 ist natürlich a einzutragen; hadde: badde prät. 40ᵃ 2, had: bad prät. 101ᵇ 24, 151ᵇ 41, glad: bad pl. prät. 111ᵇ 30, take inf.: spake prät. 139ᵃ 38, 199ᵃ 9, was: trespas 9ᵃ 1; cf. 5261, 6360. bare: sare 27ᵇ 25; cf. 1460, bare: fare 508; ware: bare 98ᵇ 27; daher in bare: were 88ᵇ 34, ware zu lesen: sat: þat 154ᵇ 29. 2) als e in gres: les 54ᵇ 1: is 35ᵃ 1; cf. 723. 4884, 6392, 7600.

AE. e.

ae. ĕ, i-umlaut von a ist stets erhalten; redde part.: crede 18ᵇ 21; cf. spedde: redde 2682; ende: wende inf. 3ᵇ 42, 20ᵇ 10, betere: swettere 24ᵇ 13, 97ᵃ 12; cf. 3698; lenkthe: strenkthe 52ᵃ 36, men: kenne inf. 8ᵃ 8; cf. 1074, 5946; ellys: tellys sg. präs. 129ᵃ 36. Für thenke inf.: stynke 20ᵇ 20 werden wir thinke anzusetzen haben. Beachtenswerth ist der reim trayst: frest (altn. fresta) 23ᵇ 40, 113ᵇ 4; cf. 1090, 1358, 6297, 7339; ferner stede: brede 10ᵇ 40, bred: cled part. 178ᵃ 1; cf. cled: sted 6169: bed 8533: fed 9371; stele inf.: lele afr. 15ᵃ 9.

---

[1]) Die blosse zahl ohne jede nähere bezeichnung bezieht sich auf die verse des St. csc.

AE. ea.

ae. ea ist vor m als ã sicher erhalten in schame: blame 49ᵃ 6, 49ᵃ 18; cf. 1626; schame: same 92ᵃ 21. Vor r erscheint ea als a in care: ware 17ᵃ 34; ebenso vor einfachem wie doppeltem l: alle: falle 2ᵃ 28, halde 1. pers. sg. präs.: calde prät. 24ᵃ 30; cf. 1261; cald part.: halde inf. 25ᵃ 17, 47ᵃ 22, cald: bald 25ᵇ 18, 46ᵃ 39; daher für solde: calde 86ᵇ 5 sald einzusetzen; bale: hale 57ᵇ 37, tald: cald subst. 99ᵇ 25; cf. 436, 7612; alde: talde 1510, 2106, 2578, 5136, talde: behalde 556, balde: talde part. 2916; cf. bald: tald 7169. Für olde: tolde 12ᵇ 10, bolde: tolde 39ᵇ 20, calde: bolde 35ᵃ 26, halde: wolde 47ᵇ 6 wird wohl a einzusetzen sein; der einzige fall, in dem ea als o gesichert wie 9104, ist tolde: golde 67ᵃ 9.

AE. eo.

ae. eo bietet wenig bemerkenswerthes; vor r ist es zu e geworden in smerte: herte 2ᵃ 22, 58ᵃ 12, 140ᵇ 17; cf. 2940, 5878; hert: quert 25ᵇ 25, 27ᵇ 6, 122ᵃ 23; cf. 326; hert: thwerte 41ᵃ 19, 42ᵃ 12, 109ᵇ 35, 131ᵇ 21, 146ᵇ 13; ebenso vor ursprünglichem, jetzt zu u geschwächtem f in heuene: euene 4ᵃ 24, 4ᵃ 36, 9ᵇ 29, 13ᵇ 4, 44ᵃ 37; cf. 969, 4757, 4794, 7621, 9351; 130ᵃ 16 ist für das südliche nemene die nördliche form neuene zu lesen, wie seuene: euene 2ᵃ 24; ursprüngliches i (y) neben dem ae. eo ist erhalten in bryʒt: ryʒt 11ᵃ 26, mylk: swylk 12ᵇ 3.

AE. i.

ae. i hat sich erhalten mit der schreibung y in chylde: mylde 2ᵇ 13, wylle: skyle 22ᵇ 12, 22ᵇ 42, ryʒt: hyʒt 13ᵃ 36, 44ᵇ 11, 101ᵇ 20, 178ᵇ 37; cf. 6529, 7657; wyte inf.: knytte 138ᵃ 36; dieselbe form ist anzusetzen, wenn 17ᵇ 19 wete inf.: yt steht; ferner hynges pl. prs.: thynges 8ᵃ 34, blys: hys 4ᵇ 15, 38ᵇ 34, 160ᵇ 35, mykel: fykel 25ᵃ 28, it: wyt subst. 3ᵃ 25; als i erhalten in wille: stille 1ᵃ 18. i vor ursprünglichem h erscheint als y. dyʒt part.: myʒt 19ᵇ 2, nyʒt 12ᵇ 16, myʒt: nyʒt 22ᵇ 8: ryʒt 10ᵇ 27, 11ᵃ 18. Eine besondere erwähnung verdient eine beiden gedichten gemeinsame eigenthümlichkeit, nämlich die verwandlung von altem i zu e, wie sie sich im kentischen dialekte zeigt. bredde (vom ae. brêdan): thredde 4209; für y ist e einzutragen in thrydde: ledde part. 20ᵃ 12, 46ᵃ 41: spredde (part. vom ae. sprǽdan) 47ᵃ 18: spedde part. 155ᵃ 11, thryd: spred 90ᵃ 6; cf. threst: rest subst. 3254, 6735, 6792; daneben auch thrist: brist 6204; restys pl. prs.: threstys 187ᵃ 35, e ist anzusetzen in thryst: reste 185ᵃ 4; cf. þrested: fested 5295, threst: brest 6735: fest inf. 6772, thresty: blethely 6776. Beachtenswerth ist ferner die schwächung von ī zu e in der ae. compositionssilbe scip; worschepe: kepe 48ᵃ 12, 189ᵇ 8, 195ᵃ 5, 196ᵇ 23; cf. 380, 596, 954, 5031, 5784, 5822, 8527, 9021, schenschepe: depe 7135, 7931; worschepys: crepys 132ᵃ 19; y ist in e zu verwandeln in worschype: slepe inf. 53ᵃ 13: kepe inf. 38ᵇ 38, 130ᵃ 13. Bemerkenswerth sind ferner reime wie ʒeue: greue inf. 21ᵃ 29, 21ᵇ 1; cf. 4259, greves: gyues 3608, lyfed: greved 4595, greves: lyefes 1730, 2888, lyue: greue 14ᵃ 10, lyueth: greueth 22ᵇ 25; cf. 3354, 3860, 8343, gryefe: lyefe 4645, 8153, greves: lyves 3006, 3520, griefe: mysbylyefe 5520, belyefe: gyfe 4335, mysboleue subst.: greue inf. 181ᵇ 9, lyfe: griefe 748, 6931, lyved: gryeved 5614, griefes: liefes 7436, grefe: lyefe 4351.

AE. o.

ae. ŏ ist als o erhalten in body: worthy 1a 23, born part.: forlorn 16b 31: lorn 12a 33, nowht: wrowht 3b 12, 7b 15, 9b 5; cf. 1992, thowt: myswrowht 4b 36, 5b 14.

AE. u.

ae. ŭ erscheint als o in tonge: ʒonge 1b 36, loues sg. präs.: proues sg. präs. 4b 42, loue inf.: behoue subst. 5b 6: reproue inf. 21a 29, dore: flore 24b 1, in der ae. endung -sum, come inf.: lothsome 20b 23; vor nd tritt es als ow auf in bownde part.: fownde part. 27b 29; vor s ist es erhalten in þus: vs 3b 38, 8a 27; für ae. ŭ erscheint gewöhnlich y in der im ae. neben ung sich vorfindenden endung ing des verbalsubstantivs; begynnyng: endyng 1a 3, vnderstondyng: ymagynnyng 5b 25, redinge: bethenkynge 28a 13.

AE. y.

ae. y, i-umlaut von u, ist erhalten in fulfylle: wylle 14b 41; cf. 3862, 5015; we bydde: kydde part. 76b 29, synne: wyth Inne 21b 19, 41a 16; cf. 6482, ille (ae. yfel, altn. íllr, got. ubils): wylle 36b 38; cf. 173; knyt inf.: it 18b 6, knytte: wytte 6a 17: itte 5a 22, kynde: mynde 11b 33; cf. 137, 167, 2050; thyng: kyng 7a 18, begynne: wyth Inne 7b 2, wyrke inf.: holykyrke 22b 9; cf. 3684, 3778, 3790, 6905; mit dem st. csc. herrscht also auch in diesem punkte unverkennbare übereinstimmung.

b. Die langen vocale.

AE. â.

Entscheidende reime für die geltung als a vor r, reimend auf ursprüngliches a sind: sare: fare inf. 57b 13, fare: mare 5b 18; daher ist mare zu lesen, wenn more: fare 148a 19 reimt, oder ware: more 4b 4, more: care 97b 43, spare: more 155a 28, 166b 33. a vor t ist gesichert in wate (ursprünglich witon, aber einwirkung des sg. wat.): Pylate 17a 9: state 47b 26, prelate: wate 99b 43, þou wate: I hate 133b 22; cf. 3118, 3870, wir werden auch a anzusetzen haben, wo o oder e steht: wote: state 146a 4, wrot (ae. wrât prät.): wote 175a 5, wete: state 108b 20, hole (ae. hâl): state 145a 25; ferner ist ae. â vor th bewahrt: baþe: skathe 57b 19, 75a 36, 90b 4, 189a 8. â ist zu lesen in den unreinen reimen wroþe: scathe 178a 3, oþe: scathe 94b 13, 176a 26, bothe: scathe 82a 11, 83a 13. a ist ferner erhalten vor n in tane: stane 2a 37; cf. 3310; ane: tane 12b 2, 18a 27, 19a 29, nane: tane 1b 27. â vor s hat sich in contrahirten formen bewahrt, die besonders dem norden eigen sind, wie mas: slas 14b 6: tas 55a 29, 77a 37, tas: gas 78b 4, 108b 2, 108b 8; cf. 3294; mas: has 97b 21, 154a 25; cf. 6376; 1768, 3744; fas: has 192a 32; cf. 3882; pas: gas 150b 41. â ist einzutragen in fos: has 27b 37, 77b 30, cas: foos 67a 5; ferner in ros sg. prät.: Thomas 17b 11, gos: pas 168b 15; da s in has im reime zu fas gesichert ist, so ist th in s zu verändern in math: hath 8a 5, hath: tath 77b 30. â vor st ist unverändert; der copist setzt dafür das südliche o. holy gost: taste inf. 9a 23, 35a 24, 197b 20: haste 2a 20, gost: caste 157b 13; cf. 4295; ebenso liegt â zu grunde und reimt mit â vor m in home: blame 128b 5. Ferner ist â erhalten in mad prät.: brad 187b 27; daher ist auch a zu lesen in brode: made 11b 32, 161a 1; cf. 71, 933, 1484, 6346; tables: knowys 13a 11, rowe: knowe 5a 1, 5b 9. Reine reime sind rawe: lawe 13a 4, hale adj.: smale 154a 33, bale subst.: hal 57b 37; daher ist auch hole: smale 69a 41 in hale zu verwandeln. â liegt in beiden reimgliedern zu grunde, wenn wir lesen also: wo 28a 21: bo (ae. bâ von begen) 176a 15, woo: too 122a 23; cf. 3048, 3490, 3516. In den angeführten fällen ist stets ae. â im reime mit festem a, eine eigenthümlichkeit, welche im St. csc. mit der grössten consequenz beobachtet ist; wenn wir 5080 Johan: throne lesen, so ist dafür John anzusetzen. Im Sp. v. ist die häufige eintragung von o für ursprüngliches ae. â dem schreiber beizumessen und ändert nichts an der thatsache, dass auch hier stets ae. â mit festem a reimt, ich habe jedoch drei reime gefunden, in denen dies gesetz nicht beobachtet ist; die betreffenden stellen lauten: 9b 13: þat (God) seyde to hym (Moyses) þus þow schalt go Into Egypte to kyng Pharao. 172a 30: þe ferthe is þe synne of hem also, þat synge comounly placebo. 105a 23: ʒyt Jewys and Sarazynes wylen do soo For kynde and pyte hem steryth þertoo.

Im letzten falle erhält man durch vertauschung des platzes von do und soo zwei o-reime: do und þertoo, welche im St. csc. sehr häufig sind; cf. 2158, 3544, 3748, 3798, 3866. In bezug auf die beiden ersten fälle hatte herr prof. Kölbing die güte, andere handschriften zu vergleichen; der erste o-reim findet sich auch Harl. 435, Sloane 1785, Reg. 17 c. VIII, wie denn überhaupt die MSS. treu zusammengehen; die zweite stelle fehlt in Harl. 435, Harl. 2260, Sloane 1785, das nicht so weit reicht, ebenso Reg. 17 c. VIII, ist also unsicher. Wenn somit nur an jener einen stelle gegen das von Richard Rolle beobachtete verfahren verstossen wird, so wird man darauf um so weniger gewicht zu legen haben, als es sich um einen reim mit einem eigennamen handelt.

AE. ǽ.

ae. ǽ ist ebenfalls als kriterium bei der bestimmung des dialekts zu verwenden, da dieser laut im norden als â, im süden als ô erscheint. Beweiskräftige reime sind care: þare 17a 25, 113b 2; cf. 6815; fare: þare 187b 3, care: ware pl. prät. 17a 34, spare: ware sg. prät. 139a 20, 140a 39, þare: mare 107a 17, bare: þare 154b 35: sare 27b 25; cf. 1460, 1774; ware: bare 38b 27, 98b 27, are: whare 64b 2; cf. 9043; e ist in were: bare 88b 35 in a zu ändern; wir haben somit dieselben gesetze wie im St. csc., wo ohne ausnahme þare, whare, ware im reime stehen. ǽ ist als a erhalten in tast inf.: mast 67b 28, 121a 19; cf. 1926, 2156; faste: maste 65b 40, waste: mast 1b 22, 189a 37, laste: maste 51b 21, chaste: mast 142a 9; daher sind zu verbessern unreine reime wie chaste: most 22b 27, 121a 17, 136b 21, hast: most 5a 17, 102b 41. ǽ erscheint als e in leres sg. präs.: scoleres 2b 17, lere inf.: prayere 2b 5, lerys: manerys 96b 38, slepe inf.: kepe inf. 1a 32, lede inf.: dede subst. 22b 23, clene: bene 7b 38; cf. 6396: sene part. 24a 15, hele subst.: israele 9b 15, lewyd part.: chewyd part. 1b 36; cf. shewed: lewed 117, 2607, 4413; rede inf.: crede 16b 7, drede (subst. wohl von drǽdan; cf. Mtz. W. I 687): cled 11a 9.

AE. ô.

ae. ô ist meist gewahrt; so fode subst.: gode adj. 12b 23, bok: lok inf. 6a 32, 6b 2 im St. csc. wechselt oft o mit u; cf. 205, 526, 563, 585, 635, 644,

709, 730, 865, 875, 969, 1081, 1129, 1560, 1667, 2111, 2672, 3675, 4982, 5115, 5237, 5508, 5804, 6408, 7923 etc. Bemerkenswerth ist ferner, dass in beiden gedichten ursprüngliches ô oft mit frz. u reimt. doos sg. präs.: vse inf. 130b 36, vse inf.: dos pl. präs. 73a 14, 80a 17, 133b 35, vse subst.: doos 81b 19, 84b 27, fordoos pl. präs. 124b 4, vertues: dos pl. präs. 197a 23; cf. 3675, 5484, 7633. ae. ô ist ferner erhalten in do: þeretoo 6b 38; cf. 8973; þereto: malo 41a 24, blode: rode 31b 22; cf. 1780, 6533; sone: done part. 9a 17, 32a 29, 36a 18, 36a 35. ae. ô ist als a gesichert im prät. cam: wan 426, 514, 836. o ist anzu setzen, wenn wir lesen 157b 35: Os þe aungel sayd þat to Loth come, Whan he was went owt of Sodome; For Lotys wyf whan she wyth hym cam Owt of þe cyte of Sodom.

AE. ê.

ae. ê, i-umlaut von ô, hat keine veränderung erlitten. I wene: clene 9a 11, sene part. 25a 38, fete: lete prät. 51b 24: mete inf. 68a 9, mede subst.: drede subst. 6a 12, fele inf.: wele 6a 16, spede inf.: nede 4a 31, seke inf.: strayte 23a 1, sere: here adv. 3b 3, here adv.: here inf. 1b 11: clere 3a 7: manere 28a 34, 39a 40.

AE. î.

ae. î tritt als y auf in lyf: wyf 1b 9: knyf 117a 40, ydele: brydele (ae. brîdel) 121b 37, syde: abyde inf. 28a 17: tyde 25b 11, wys: folyes 6b 10 und in zusammensetzungen wie ryghtwys: paradys 8a 32; ferner lyke: ryche 11b 25; ae. î als ê gesichert in three: trinite 1a 2, 121b 37.

AE. û.

ae. û ist in seinem bestande unverändert; doch wird es ohne unterschied als ou und ow ausgedrückt, gewöhnlich im reim zu af. ou. iesu: bu (acc. von beʒen) 176a 42, down: contriciown 20a 40, temptatioun: adown 25b 17, down: tresoun 47b 40: religiown 48a 18, hows: religious 34a 39, uncowth: sowth 24b 31, cowthe: mowthe 22a 12, abowt: owt 12a 39, thowsande: vnderstonde 8b 28, trowe inf.: now (Ms. mow) 4a 42, ʒow: now 32a 10.

AE. ŷ.

ae. ŷ, i-umlaut von û, bietet keinen anlass zu bemerkungen; es bleibt unverändert wie in hyde inf.: syde 169a 11, hyd part.: kyd part. 33a 15, 71a 1, 88a 13; cf. 4342, 6457, 7138, 8241, dyde prät.: hydde part. 69a 26; cf. dyd: hyd 7464, 8203, kyd: dyd 6216, 6262, 8961, 9041; kydde: dydde 115, 6212, bydde: kydde 76b 29, 199a 33.

AE. eá.

ae. eá. ist zu e geworden. ches prät.: Moyses 13a 7; cf. 2132; nede subst.: rede inf. 14a 6: fede inf. 27b 23: mysdede 37b 1, mede: broþerhede 34b 1, ʒere: dere 129b 37: here 26b 6, 37a 24; cf. 740, 3932, hede subst.: stede 7a 6, hedes subst.: ledes pl. präs. 2a 26, ded subst.: rede 17a 15, thewys: chewys sg. präs. 22a 1; cf. 1883, 5548. eá mit folgenden gutturalen aspirata h zu ye, hye: stye 29a 42: vnslye 10a 8: eye 52b 37. eá erscheint in der ae. compositionssilbe leás als e, myʒtles: mekenes 28a 38.

AE. eó.

ae. eó, got. iu, gestaltet sich zu e. leue (ae. leóf): geue 6ª 37, ʒeue: leue 2ª 10; cf. 2328, lefe and dere 2978, 5797, se inf.: ͜ be 3ª 17, fende: schende inf. 28ᵇ 15, 39ᵇ 16, 41ᵇ 4, frendys: wendys sg. präs. 28ª 30. eó erscheint als y in lyʒt adj.: ryʒt 22ᵇ 37. Ein genaueres eingehen auf die geltung oder verstummung des schluss-e wird bei nur einer handschrift und der willkür und sorglosigkeit des copisten kaum rathsam erscheinen. Reime wie telle inf.: Gabriel 16ᵇ 43, Warewyk: like 1ᵇ 3 beweisen das verstummen des endungs-e.

Bemerkungen zur flexion.

Der plural geht auf s aus wys: folyes 6ᵇ 10, leres sg. präs.: scoleres 2ᵇ 17, callys pl. präs.: cardynalles 24ª 34. Der plural entsteht durch umlaut ten: men 12ᵇ 29; cf. 5956, kepe inf.: schep 105ª 23, fete: lete prät. 51ᵇ 24: mete inf. 68ª 9; cf. 3214; ferner dyce: vyce 90ª 3; bemerkenswerther plural ohne s ʒere 37ª 25, yhere 6521, 8081, 8145. Die flexion der adjective ist verloren; ebenso ist der infinitif ohne schluss-n, lay: way 21ª 2: þai 105ª 1, say: nay 13ᵇ 17; cf. 5057, 6028, gewöhnlich mit e, here: matere 20ᵇ 18, telle: helle 162ª 37, seke: meke 20ª 26, dwelle: telle 19ª 35, 119ª 19, lyue: greue 14ª 9; cf. 4892, 4897, 5032, 5091, 5111. go und do haben kein schluss-n; go: so 17ᵇ 22: fro 199ᵇ 9, do: peretoo 6ᵇ 38. Die 1. und 2. pers. sg. präs. ist flexionslos, þou wate: I hate 132ᵇ 22: state 47ᵇ 26. Wenn die dritte person in beweiskräftigen reimen s hat, so spricht dies nicht gegen die nördliche herkunft, obwohl diese flexion auch dem ostmittelländischen dialekte eigen ist: pas: gas 150ᵇ 41, says: palays 157ª 27, cas: has 84ª 9, greuves: mysbeleues pl. subst. 13ª 40. Behauptet man ferner mit vollem recht, dass eins der wichtigsten merkmale für die bestimmung der altenglischen dialekte in der flexionsendung des pl. präs. liegt, so führe ich folgende belege an. says: prayse inf. 1ª 27, hedes pl. subst.: ledes, 2ª 26, tentes: sacrementes 18ᵇ 26, askynges: henges 2ª 18, 4ª 11: brynges 3ª 42, sprynges: comaundementes 12ᵇ 11, drawys: felawes 8ᵇ 36, curtays: says 10ª 15, knowys: lawys 13ª 12; nie erscheint en; wo eth steht, rührt es vom schreiber her und verstösst gegen den reim. Wie der schreiber das original in dieser hinsicht uniformirte, zeigen belege wie 88ᵇ 35: Some also telle and says, þat þei han lost hors and harneys. 184ª 12: þere he hym fedyth wel and greses, þere he hym susteyneth and eses, And þere he hym delyteth and kepys, And þere he hyggeth and resteth and slepys. Der cj. präs. ist, wie zu erwarten, ohne flexion wylle: skylle 4ᵇ 38, bringe: hynge 200ᵇ 10. Das part. präs. endigt stets auf ande, wofür der copist oft onde setzt und dadurch den reim verdirbt. spryngande: I vnderstande 12ᵇ 13; dies ist ein mit aller gewissheit auf den norden hinweisendes kriterium. Das verbalsubstantiv lautet aus auf ing (yng). begynnyng: endyng 1ª 5, onoyntyng: hyng inf. 18ª 35. Beachtenswerth ist die schreibweise hereyng: feleyng 8995. Ein im süden abgefasstes denkmal unterscheidet nicht das part. präs. vom verbalsubstantiv. Das part. prät. hat nie das aus dem ae. ge hervorgegangene präfix i, y, wie es der süden aufweist; es endet gewöhnlich auf n, knowyn: drawyn 12ᵇ 25, born: forlon 16ᵇ 32; cf. 4165, sen: Austyn 3944, gnaven: byten 864. Vom verb. subst. will ich hervorheben, dass für die 3. pers. sg. präs. is, wie es der reim stets verlangt, die specifisch nördliche form es einzutragen ist; so in is: wytnes 12ᵇ 40, is: lesse 129ᵇ 31.

Der pl. prät. lautet stets ware. care: ware 17ᵃ 34; andere formen sind dem schreiber beizumessen, denn sie stören den reim. Schliesslich führe ich noch ein für den nördlichen dialekt wichtiges kriterium an, die personalpronomina; der süden behält die ae. formen des pers. pron. 3. pers. he, hem treu bei, während im norden der pl. des pron. dem. þai eintritt. lay: þai 105ᵃ 1. Wenn wir 114ᵇ 24 lesen: And sone þe leccherous dede folewyth hem To þe whyche þe feend þus ledyth a man, so haben wir für hem ohne zweifel þam anzusetzen.

Ueberblickt man die im vorstehenden durch den reim als gesichert anzusehenden sprachlichen eigenthümlichkeiten, so wird man zugeben müssen, dass, abgesehen von dem einen falle der behandlung von ae. â, beide gedichte in bezug auf dialekt und flexion durchaus zusammengehen. Der gewinn der untersuchung des dialekts ist freilich, wie oben erörtert wurde, mehr negativ als positiv; erst in verbindung mit anderen kriterien gewinnt dieses moment an bedeutung; einen stützpunkt würden wir zunächst im versbau zu suchen haben. Da jedoch beide dichtungen in dem besonders im norden Englands sehr beliebten viertactigen kurzen reimpaar abgefasst sind, und in der anwendung desselben nicht einmal Robert Mannyng sich wesentlich von R. Rolle unterscheidet (vgl. Schipper: Altenglische metrik p. 262 ff.), so würde eine eingehende erörterung dieses capitels für unseren zweck so gut wie aussichtslos sein; für mich selbst habe ich natürlich auch in bezug darauf beide gedichte sorgfältig untersucht und dabei die von Schipper a. a. o. für den St. csc. erwähnten merkmale auch sämmtlich im Sp. v. wiedergefunden. Viel mehr versprechend ist jedenfalls die untersuchung, zu der wir uns jetzt wenden, die vergleichung der stilistischen eigenthümlichkeiten beider werke.

Der stil.

Während bisher die ähnlichkeit beider gedichte rein formell war, kommen wir jetzt zu einem gebiet, welches der individualität des schriftstellers mehr spielraum lässt. Der stil bildet ein charakteristisches merkmal des autors und seiner werke; im gebrauch von wörtern und redewendungen dürften kaum je zwei personen völlig übereinstimmen. Wenn man nun das allgemeine colorit des stils beider gedichte bezeichnen soll, so wird man ihn gerade nicht schön nennen können. Ist auch die sprache klar und ausdrucksvoll, so leidet sie doch an einer ausserordentlichen breite, so dass das gefühl der ermüdung dem leser nicht ausbleiben kann. Diese neigung, ausdrücke und wendungen zu häufen, scheint bisweilen wohl weniger aus reimnoth hervorgegangen zu sein, als aus dem bestreben des autors, einen begriff recht abgerundet und anschaulich zu machen, ihn nach seinen verschiedensten beziehungen hin zu vervollständigen und zu verdeutlichen, einen gegenstand möglichst von allen seiten zu beleuchten. Diese ausführlichkeit geht so weit, dass der dichter fast keinen begriff durch ein einziges wort ausdrückt, sondern meist durch zwei oder mehrere verwandte. Er liebt es ferner, da, wo der gegenstand es gestattet, seiner phantasie freien lauf zu lassen, denselben gedanken in mehreren sätzen zu variiren und durch eine reihe von vergleichen seine darstellung zu beleben. Man wird vielleicht den einwand machen, dass manche gedanken und wendungen, zumal in der religiösen poesie, im häufigen anschluss an die Bibel auch einem anderen schriftsteller eigen sein können; schwer wird jedoch dann, ohne annahme eines gemeinsamen verfassers, das factum zu erklären sein, dass zahlreiche verse, ja ganze stellen grosse anklänge und fast wörtliche übereinstimmungen zeigen. So haben anfang und schluss unsrer beiden gedichte in dieser beziehung unverkennbare verwandtschaft. Es kann nun nicht in meiner absicht liegen, bei der grösse der gedichte jeden anklang zu erwähnen, ich muss mich darauf beschränken, aus dem reichthum von beweisstellen nur die auffälligsten hervorzuheben. So lesen wir in der einleitung des Sp. v. 1^b 15, als der autor sein programm mittheilt:

How ȝe schal folewen goddes wylle And knowe, boþe gode and ille, And what ȝe schal chese and¹) what forsake, And what weye ȝe schal to heuene take. St. csc. 191: And whilk way þai suld chese and take And whilk way þai suld lef and forsake.

Unverkennbare übereinstimmung zeigt die stelle, in welcher der autor die gründe darlegt, welche ihn bestimmen, sein werk in englischer sprache abzufassen 1^b 19:

In English tonge I schal ȝow telle, ȝif ȝe wyth me so longe wil dwelle. No latyn wil I speke no waste, But English, þat men vse mast. þat can eche man vnderstande, þat is born in Ingelande. For þat langage is most chewyd, Os wel among lered os lewyd. Latyn al I trowe can nane. But þo þat haueth it in scole tane. And somme can frensche and no latyn, þat vsed han cowrt and dwellen þere In. And somme can of latyn a party, þat can of frensche but febly. And somme vnderstonde wel englysch, þat can noþer latyn nor frankys. Boþe lered and lewed, olde and ȝonge, Alle vnderstonden english tonge. þer fore I holde most syker þan, We (Ms. wo) schewe þat langage, þat eche man can. And al for lewed men namely, þat can no maner clergy. 336 ff.: þarfor þis buke es on Ynglese drawen Of sere maters, þat er unknawen Til laude men; þat er unkunnand, þat can na latyn understand. etc.

4^b 8 ff.: Every man to gode ordeynde he, But he wyst, what euery wolde be, He wolde be gode, he wolde ben ille, For þi he ȝaf euery man fre wylle.

---
¹) Das für and bekannte zeichen gebe ich in buchstaben wieder.

For to chese or for to holde, Gode or euyl, weþer he wolde. 77: For to knaw, gude and ille, And þare-with he gaf hym a fre wille, For to chese and for to halde, Gude or ille, wethir he walde; cf. 91. — 4b 20: Fyrst in god þe fader is myht, And þat wyth wysdom and godnesse ryht; In god þe fader be alle þe thre, For he is a god in trinyte erinnern lebhaft an die einleitung des S. csc. — 6a 25: þe thrydde thyng obedience is, þat is to say veray buxomnes, þat we be buxom to godes wylle, Alle hys comaundementes to fulfylle. 63: Mans kynd es to folow goddes wille, And alle hys comandmentes to fulfille; cf. 1034. — 11b 26: þorow mynde we schulden thenk ryʒt On god þe fader ful of myght, þat thorow hys myght al ʒyng made, Heuene and erþe and þe world brode. 161a 1: To se þe man, þat alle men made, Heuene and erþe, þat is so brade. 187b 25: Of þis hye roche comyth þe welle Of parfyt loue in herte to duelle, þat is clensyd and clene mad Of þe loue of þis world brad. Vergleiche 69: God to mans kynd had grete lufe When he ordaynd for mans byhufe, Heven and herth and þe werld brade And al other thyng and man last made. 933: Alle þe world, so wyde and brade, Our lord speciali for man made. 1484: þe mare world es þis world brade And þe les es man, for wham it es made; cf. 6346, 8853, 8889, 9003, 9093. — 20b 15: He schuld thenke, he was fyrst nouʒt And sythen conceyued in synne wrouʒt Of a porciown of fowl matere, þat is a wlatsom thyng to here; From a fowle herbere he þan cam, þat was from hys moder wan. What he is, he schulde thenke, For he is nouʒt but fylthe and stynke. No fruyt of hym self may come, But fylthe and stynk, þat is lothsome. 460: And stynk and filthe, als I sayde ar, With þer he was first norisshed þar. Aftir-warde, when he out came From þat dungeon, his moder wame; cf. 524. — 21a 18: He schulde thenke ay wel in thowht Whow god hym made fyrst of nouʒt After hys ymage and hys lyckenes And ordeynde hym to joye endeles. 2072: Thynk, he says, and haf in þi thoght Of hym þat made þe first of noght. 70: When he ordaynd, for mans byhufe, Heven and herth and þe werld brade, And al other thyng, and man last made Til hys lyknes and semely stature; cf. 101, 372. — 23a 36: For to come, whan we henne wende To þe blysse, þat neuer schal haue ende And not only in oure gret trayst Of godes godnesse, þat men may frest Ne al only os wyth vs ledes In tryst of owre owne gode dedys. 23b 1: But tryste on hem þat fayle nouʒt Whan þei be to gyder brouʒt. 50a 39: In other mennys wyt more he trysteth þan in hys owne, þat he ofte fresteth. 1090 Many men þe world here fraistes, Bot he is noght wise þat þar-in traystes. Dieselbe stelle wiederholt sich 1359. — 25a 2: Os a philosophre seyth, þat hyʒte Placius, in a bok ryʒt. 44b 11: To þe profete, þat Dauid hyʒt, Seyth þus in þe sawter ryʒt. 105a 3: Wherfore Jacob seyde þus ryʒt To hys sone þat Joseph hyʒt; cf. 101b 20. 7657: Als a gret philosiphir, þat hyght Rabby Moyses, telles ryght; cf. 6529. — 25a 28: Al þe coueytise þat regneth mykel In þis world þat is so fykel. 52a 7: For he hath it no thyng here so mykyl, Os to plese þe world þat is so fykel. 948: þis say [I] by men þat gyves þam mykel Til þis world, þat es fals and fikel; cf. 1088. 1620: Bot som men lufes his lyfe swa mykell And þe world þat is swa fykell. — 104a 33: Seynt John seyth wyth þe gyldene mouthe þat mykyl of holy wryt couthe. 5360: For Johan, wyth þe gilden mouth, þos says. Cursor mundi 21 hat John Gildenmoth. Einer reihe von stellen, in denen frappante anklänge nicht zu verkennen sind, werden wir noch später begegnen.

Der autor liebt es, zur bekräftigung der wahrheit des von ihm ausgesagten, sich entweder ganz allgemein auf die vorlage und quelle zu berufen, woraus er seine weisheit geschöpft hat, oder den mann, die autorität zu citiren, welche diesen oder jenen ausspruch gethan hat. Diese berufungen sind in beiden gedichten in grosser anzahl vorhanden; viele von ihnen wiederholen sich in den verschiedensten variationen:

9b 9: Men fynde wryten, os clerkes knowe, In þe seconde bok of þe olde lawe, þat god aperyd in a mowntayne To Moyses ryght, and þat was certayne. 135b 2: We fynde wryten in þe olde lawe In a boke, þat clerkys schulde cnowe. 139a 30: Os men may fynde wryten and knowe In þe boke of þe olde lawe; cf. 89b 22. 141b 40: Os we fynde wryten in (hs.is) a boke. 155b 26: Os it is founde wryten in boke. 158a 20: þe salte ymage, os clerkys expounc it, And is founden in holy wryt. 865: Forwhy we fynde þos in buk writen. 875: Als es wryten in a bok þat says. 1682: For als þir clerkes fyndes writen and redes. 3595: Als es writen in þis boke here. 6745: He says þus, als we writen fynde; cf. 5967, 6068, 6412, 6594, 7062, 7176, 7277, 7663, 7788, 8021, 8186. — 125b 44: Os holy wryt þus says and prouys. 134b 5: ȝyf holy wryt, os þe boke schewyth vs, Be soth, þat tellyth and schewyth þus. 196a 40: And holy wryt also seyth þus, Os peise clerkys han often schewyd vs, 4067: þat destrucion, als says haly writt; cf. 4147, 5405, 5637. — 10b 12: Werfore, os holy wryt beryth wytnes, He is cald properly þat he is. 31a 30: For, os þe bok beryth wytnes, Lytyng and baptyme al on is. 69a 13: The thrydde condicioun of schryfte is, Os þe boke it beryth wytnes. 198a 20: For pees and loue þat is hym dere Hym folewe and holde more nere þan ony oþer vertu þat is, Os holy wryt beryth wytnes; cf. 38a 39, 68a 29, 92a 11, 102a 4, 102a 37. 51: To lof hym, als þe boke beres wytnesse. 730: Als clerkes in bukes bers witnes. 1667: In all þis world, als þe boke witnes; cf. 722, 1328, 1667, 2096, 2703, 2894, 3131, 3794, 5355, 5455, 5667, 6089, 6240, 6441, 6976, 7034, 7529, 8829. — 107a 25: And þerefore seyth þe wys man þus In holy wryt, os þe book schewyth vs. 190a 5: Wherfore þe wyseman of grete wyt Seyth þus opynly in holy wryt. 192b 28: Wherfore þus seyth þe holy man, And so seyn þeise clerkys, þat clergye can. 195b 9: þerfore seyth þus þe wyseman In holy wryt, os I fynde can; cf. 105b 6, 125b 43, 199b 3. 5549: And þarfor þe wys man þus in buke shewes; cf. 1560, 2278, 2295, 2728, 3312, 4170, 5923, 7203. — 109a 37: For god seyth þus in þe gospelle. 145b 22: Wherfore god seyth in holy wryt Thorow Salomon, þe wyse of wyt. 187b 5: Wherfore oure lord swete iesu In þe holy gospel seyth þus. 196b 35: þerefore seyth god in þe gospelle þus, os men here þeise clerkys telle; cf. 124b 11, 124b 42, 134b 29, 174a 10. 309: And þarfor says god þus in þe gospelle. 2404: þarfor says god in þe godspelle On þis manere, als I wille yow telle; cf. 2760, 4688, 5961, 6041, 6598, 7190. — 124b 32: Wherfore þe sawter seyth þereby, Haue gode hope in god almyȝty. 124b 36: And þerefore seyth ȝyt þe sawtere In anoþer stede in þis manere. 284: þarfor þe prophet in psauter says. 601: And þar-for þe prophet in þe psauter telles; cf. 751. — 14a 27: For Seynt Austyn seyth wyth owten delay, þei schal be tyȝed at domes day. 23a 21: Fyrst trowthe, so seyth Seynt Austyne, þat is þe fyrste vertue of dyuyne Putteth vs here vnder goddes lawe And makyth vs þat Lord to knowe Of whom, os he voucheth saue, Alle oure godes now we haue. 105a 35: And Seynt Austyn þus spekyth and says, What kyne gyfte is þis to prayse. 131a 27: þerfore men schulde in holychyrche not do, But thyng þat is ordayned þereto, Os holy wryt to rede and gode prayere and godys seruyce, Os seyth Seynt Austyn, þe doctoure wyse. 174a 37: For Seynt Austyne, þe holy man, Seyth þus, os I schewe ȝow can; cf. 23a 13, 110b 4, 125b 43, 126b 4, 181a 38, 187a 20, 197b 40. 196o: þarfor Saynt Austyn, þe haly man, Says þus, als I shew yhow can. 2007: Als þis grete clerk Saynt Austyn telles. 2672: For Saynt Austyn says þus in a buke. 6663: And Saynt Austyn says on þis manere In a buke, als es writen here; cf. 1981, 2037, 2149, 2159, 2587, 2840, 3163, 3441, 3568, 3721, 3944, 4986, 5316, 6314, 6927, 7020, 7038, 7115, 7140, 8117, 8207. — 8a 3: For Seynt Gregory on þis manere Seytȝ þat a ryght prayȝere þe more þat men it cone and math þe more it is worth and vertue hath. 97b 15: Os Seynt Gregory tellys and says In a boke, þat is myche to prayse. 98a 39: And Seynt Gregory al so says In a bok, þat he made in hys dayes; cf. 98a 3, 109a 5, 163b 15. 1311: Als says þe grete clerk, Saynt Gregor. 1314: Saint Gregor says on þis manere. 1331: Acordes Saynt Gregor, þat pus says; cf. 4578, 5689, 5747. — 23b 31: Os Seynt Johan in hys pystle says, Whos sawys ben myche for to prays. 75a 42: Os Seynte John beryth wytnes In þe apocalypse, os wryten is. 76a 35: For Seynt John seyth, os þeise clerkys sees, In þe boke of trinitees. 2197: Als Saynt Johan says in þe Appocalippes. 7387: Als in þe apocalypse schewes Saint Johan. 8791: Als says Saint Johan, Godes derlyng dere, In þe apocalyps, on þis manere; cf. 4529, 5063, 5529, 5535. — 40b 21: For, os Salomon seyth þereby, þat was a wyse man and a wytty. 99a 11: And þus seyth Salomon þe wyse. 186b 5: For in eche creature god louyth Ryȝt mesure, os Salomon proueth. For sobrenes is nouȝt ellys, But to kepe ryȝt mesure, os he tellys. 191a 39: For Salomon seyth þat wyse man And þe wel leryd, þat wysdom can; cf. 126a 41, 185a 13. 1891: Als Salamon says, þat wyse was. 2654: And þarfor says þus, Salomon þe wys; cf. 5706, 5875, 7236. — 148a 26: And Seynt Bernard þus seyth þereby In lastyndenes ȝe schulde study. 186b 37: Os Seynt Bernarde in som stede says þat we here þeise clerkys often prayse. 2529: Als þe haly man says, Saynt Bernarde. 913: For Saynt Bernard þos in metre says; cf. 245, 559, 619, 1875, 1947, 2540, 2563, 5653. — 42a 14: For Seynt Poule seyth þus, leuere had I Haue fyue wordes seyd deuowtely, Wyth herte and wyth vnderstondyng ryȝt þan fyue thowsend seyd wyth tunge lyȝt Wythouten herte and deuowt thouȝt And vnderstondyng ryȝtly sought. 142a 13: For Seynt Poule seyth and beryth wytnes — 198a 6: For why þei bere þe ryȝt lyckenes Of here fader, þat god is. And lord of pees and of loue, Os Seynt Poule seyth, þis may men proue. 198b 39: Pes, þat schal surmounte and passe Alle mennys wyt, þat euere was Or schal be in alle mennys lyf dayes, Os Seynt Poule þe apostle sayes. 2179: And swa did Saynt Paul, þat says þus. 5034: Als þe apostel says, Saynt Paule; cf. 2189, 5384. — 124a 40: And Isidre seyth also wysly, þat is a gret remedy. 126a 41: And Isydre seyth þe wyse man, þat we praye sothfastely þan; cf. 126b 1. 2500: Here to acordes, als þe buk telles us, Ysidre, þe grete clerk, þat says pus. 2520: And Isidre, als a buke shewes us, Acordes þar-to, þat says þus. — 141b 40: Os we fynde wryten in (Ms. is) a boke. In þe gospel of Seynt Luke, þat spekyth of a noble womman, þat was wydowe and hyȝte Anne. 4823: Swa sal he com, for Luke in þe godspel says. 5004: Als Saynt Luk says, þe Evaungeli[s]tte. — 130b 30: Os Seynt Ancelme seyth in a boke, þere clerkys may þis mater loke. 2424: þarfor Seynt Anselme, als þe buke shewes us, Spekes tyl þe saul and says þus; cf. 7889. 184a 15: Spekys Dauyd on þis wyse Of þe blys of paradyse And seyth, lord, alle schal þei be Dronkyn of þe gret plente of pi blys so fre, þat in þi hous is so gode. And þo þat filled be of þat flode Of þi delyte, þat svete behouyth be, For þe welle of lyf is wyth þe. 192b 10: þerfore seyth þe prophete Dauy In þe sautere þus opynly; cf. 111a 3. 489: Als David says in þe psauter right. 1553: Wharfore þus says David þe prophete; cf. 1573, 1576, 1930, 2057, 2069, 2079, 2122, 4236, 4625, 4634, 4916, 5445, 5626, 6337, 6709, 8079, 8094, 8352, 8439, 8538, 9307, 9322. — 190a 25: þerfore Seynt Petyr, þat God wel louede, Seyth þus, os þeise clerkys han prouede. 5453: Wharfor Saynt Petre, þe apostel, þus telles. — 18b 22: þis article, þat þus is redde Seynt Mathew seyth in þe crede. 4572: Als Mathew in þe Godspel says. 5121: Als says þe godspeller Saynt Mathewe. — 191b 21: Wherfore Seneca, þat was a wyse man, Seyth þus, os I schewe ȝow can. 1302: Tyl þis acordes þe wordes of Senek, þat says þus, als yhe here me spek.

Unter diesen berufungen mögen nicht alle gleich beweisende kraft haben; manche von ihnen kommen wohl auch in anderen dichtungen, besonders religiösen inhalts, vor und sind typischer natur; die meisten von ihnen werden jedoch zweifelsohne für die zusammengehörigkeit beider dichtungen sprechen.

Eine andere eigenart des stils besteht darin, dass der autor es liebt, sich selbst einzuführen, seine eigene subjective meinung zu äussern, oder bisweilen der aussage die färbung bescheidener zurückhaltung zu geben. Bieten diese eingeschobenen sätze auch ein dankbares material zur ausfüllung eines verses oder abhilfe der reimnoth, so lässt sich doch ihre beabsichtigte wirkung nicht verkennen. Von den sehr zahlreichen belegen habe ich mir folgende angemerkt:

3a 33: In þis prayȝer be askynges seuene, þe whyche þei ben I schal ȝow neuene, Of þe whyche seuene I fynde thorw skylle Thre, þat don a wey al maner of ille. I fynde al so oþer thre askynges Al þat is gode to vs þei brynges. 5b 8: Also þis word, þat fader is cald, Askyth of vs syxe thynges to hald, þat I wyl reckene her on a rowe. þis sixe schuln hys chyldren knowe. 23a 9: And namely wyth þeise vertues seuene þat I wyle now specially nemene, þat is trowthe, hope and charyte, Sleyȝte, þat thorow wyt behouyth to be. 47b 16: þe sixte brawnche next folewande Is frowardness to vnderstonde, þat is, os I wyl ȝow telle, Whan a man[1]) is froward and felle. 97a 14: Os I fynde wryten in holy wryt Ensawmple þere men may rede it. 100a 1: Anoþer ensawmple fynde I can Of Martyn, þat cloþed þe pore man. 141b 13: Of þat ensawmple fynde I can Of Judith þe noble woman, þat was faire of hyde and hewe, And

---

[1]) Den unbestimmten mit dem folgenden worte verbundenen artikel gebe ich separat wieder.

a clene wydowe was and trewe. 154ᵃ 39: I fynde wryten in a boke Of vitaȷ patrum, þat wyle it loke, þat a monke þat lyued parfytely, Tolde, whan he becam monk and why, And wherfore he wolde þe world schone And sayde, he was a paynymes sone; cf. 14ᵃ 7, 20ᵃ 36, 48ᵃ 16, 93ᵇ 28, 102ᵇ 23, 107ᵃ 9, 141ᵃ 42, 162ᵃ 19, 162ᵇ 1, 169ᵃ 11. 2334: Bot I wille shew yhow aparty. 2468: For I fynd wryten thre skills why. 2708: Of þir sex poyntes I wil spek and rede 2896: And many mare þan I can neven, Bot I fynd wryten payns seven. 4154: Aparty here I wille hym telle. cf. 1163, 3398, 3952, 5424, 6621, 6947, 6963, 9394, 9576 ctc. — 78ᵇ 2: For at þe day may falle so, þat þe corn is worth·swyche two; þerfore he schal, whan he it tas, Pay hym more os þe corn þanne gas. And ȝyf þe reward hym wyth no more þan takyth he okyr, os I sayd ore. 81ᵃ 20: For swyche men, os I haue tolde, Mayntene theuys and make hem bold And wer nouȝt, os I wene, So many theuys schulde nouȝt be sene, Os now ben, þat somme men knowys; þerfore þei ben os theuys felawys And aȝeynes god þei ben al so gylty Os theuys, þat don þat felony. 181ᵃ 27: Os I haue spoke before and sayd. Of þis synne seyth god in þe gospelle On þis manere, os I wyl telle. 182ᵇ 1: þe holy ȝyfte of vnderstondyng Of þe whyche I haue seyd before somthyng Makyth þe herte to cnowe god ryȝt And gostely thyng thorou gostely syȝt; cf. 66ᵃ 8, 69ᵇ 2, 100ᵃ 4, 139ᵇ 17, 159ᵇ 18, 170ᵇ 5, 179ᵇ 28, 181ᵃ 27, 197ᵃ 19. 2398: Alle sal be rehercsed, als I sayde are. 963: For man of whilk I byfor spake. 556: þe begynnyng of man, als I talde. 6282: þe processe of þat day þat I haf talde; cf. 4925. 1804: Als I byfor aparty sayde; cf. 407, 460, 1265, 1351, 1751, 1763, 1924, 2850, 3113, 3282, 3386, 3445, 3878, 3943, 4075, 4413, 5103, 5234, 5394, 5918, 6638, 6786, 7134, 7164, 7220, 7352, 7455, 7612, 8135, 8364, 9104, 9118, 9295, 9439, 9462. — 36ᵃ 1: Frendschype makyth a mannys herte fre And bryngyth hym to ryȝt charyte. þis vertue hath seuene degrees And seuene brawnches, os clerkys ses. þe seuene degress ben, os I proue, Seuene maner of skyles of loue. 101ᵃ 32: And to þat I wyl telle, os I can, A tale of a synful man; cf. 162ᵃ 19. 1017: By þis skille, als I can prufe; cf. 430. 6434: þarfor I sal shewe yhow, als I can. — 29ᵇ 10: þese foure wordes ben þe prologes colde Of þe pater noster, os I halde. 108ᵃ 10: þat is to þi soule, os I holde, þat be skyle þi freend is calde. 1261: þe right hand es welthe, als I halde. 2789; Under þe erthe es, als I halde. — 4ᵇ 23: So men may, os I vnderstande, Knowe hys myht, þat is ay lastande. 174ᵃ 29: On þis braunche, os I vnderstande, Thre specyal leuys be hyngande þat be thre manere of lesynges, þe whyche fro þe ille tunge spryngеs; cf. 7ᵃ 12, 8ᵇ 26, 13ᵇ 6, 31ᵃ 16, 93ᵇ 27, 131ᵃ 30. 1160: Hym suld noght lyst, als I understand. 3668: þis case ofte falles, als I understande; cf. 1500, 2324, 2748, 3911, 4409, 6876, 6990, 7922. — 5ᵃ 18: þe two ben nobleste and rycheste þe thrydde is bounte, os I gesse, Nobles fyrst is, os I wene, In hem, þat godes chyldren bene. 197ᵇ 16: þere he may al comforte fele And delyt and joye, þat hym lyketh wele, þe whyche may passe, os I wene, Alle oþere delyces, þat here be sene; cf. 5ᵃ 39, 13ᵃ 17, 15ᵇ 38, 66ᵃ 38, 81ᵃ 22, 115ᵃ 38, 133ᵃ 14, 141ᵇ 6, 186ᵃ 36. 1136: Yherning of eghe, als I can gese. 6539: Bot þai had no leve, als I wene. 9211: Bot bright bemes anly, als I wene; cf. 3081, 3384, 6030, 7111, 7638, 8863, 9116.

Der dichter wendet sich in längeren apostrophen an seine zuhörer, oft mit der bitte um aufmerksamkeit, wodurch der stil eine grössere lebendigkeit gewinnt.

1b 19: In English tonge I schal ʒow telle, If ʒe wyth me so longe wil dwelle. 1a 19: Gode men and wommen I ʒou pray, Take gode kepe to þat I say. 1b 11: þerfore gode men, þat ben now here, Lysten to me, and ʒe may here, Whow ʒe schal reule ʒowre lyf. 42b 16: Of þis is no more nede to speke, þe seuene askynges I schal ʒow teche, Os ʒe han herd me before telle And more I wyl sayn, ʒyf ʒe wylen dwelle. 49a 26: þeise seuene rotys sprede wyde, þat comen owt of þe stok of pryde þe whyche stok wyth alle hys rotys, þe gyfte of drede owt of þe herte schotys And setteth mekenes in þat stede, þat is of alle vertues þe hede. Of þis vertu I wyl ʒow telle Aparty, ʒyf þat ʒe wyl dwelle; cf. 13a 38. 4046: If yhe wille, I sal tel yhow som. 4932: Als yhe may aftirward here, if yhe wille. — 2a 30: Of alle þeise poyntes I thenke to (ms. of) sey Who so wyl heren hem, now he may. 6a 29: For þe gode sones ben obedyent To do þe fadres comaundement. Hys comaundementes, who so wyl lok, He may fynde hem after in þis bok. 6b 2: Os men schuln fynde in þis boke After, who so wyl loke. 6408: Als here es contened, wha-swa wille luke, In þe fifte part of þis buke. 9485: Wharfor wha-swa of þis wil take hede, May be stird til luf and drede. — 17b 43: þeyse ben þe seuene ʒyftes of þe holy gost, þat comyn of þe fader and sone of myʒtes most, þerfore owre sowles best schulde be, Os ʒe schal aftyr here and se. 41b 26: þat is to say on þis manere In Englische tonge, os ʒe may here. 121a 43: And ʒyf ʒe wyl ensawmple se, I schal ʒow schewe two or thre. 126a 13: Wherfore þe prophete, þat was wytty, Vs techyth to pray god deuowtely In the sawtere, os ʒe may here, þere he seyth þus on þis manere. 163b 19: And ʒyf ʒe wylle here and knowe, I schal ʒow reckene hem on a rowe. 197a 19: And ʒyf ʒe blely wyle se And cnowe þe braunches of þe tre, Beholde alle oþer vertues and loke, þat be conteyned in þis boke. 199a 23: Now may ʒe sen here opynly And lyʒtely cnowe thorou schort study, What gode þe ʒyfte doth of wysdome In þe herte þere it may come; cf. 60a 14, 115b 33, 161a 39. 1200: þarfor an holy man, als yhe may here, Spekes to þe world on þis manere. 3999: Als yhe may se and here afterwarde. 6252: Bot ye sal understand and witte, Als men may se in haly writte. 6435: Aparty of þa paynes sere Als yhe may sone aftirward here; cf. 1005, 2688, 2974, 3071, 3794, 3954, 3992, 4448, 4525, 4737, 4954, 6417, 7888, 9091, 9217.

Bezeichnend sind die übergänge von einem passus zum andern, in welchen der inhalt des folgenden abschnitts angekündigt wird:

50a 17: Here haue I told þe degrees seuene, Now wyl I þe brawnches nemene, þat spryngyn owt of mekenes ryʒt, þat we schulde hawnte day and nyʒt. 119a 13: Now haue I spoke of lecchery, Boþe of herte and of body, Of whyche þe ʒyfte of vnderstondyng Delyueryth þe herte at hys comyng And in þat stede, os clerkys can se, Setteth þe vertu of chastyte, Os ʒe me han herd before telle And may here more, ʒyf ʒe wyl dwelle. Now I wyl speke, os in a book is sene, Of chastyte, þat is a vertu clene. Chastyte may be cald ryʒt A tre of gret vertu and myʒt, þe whyche hath seuene degrees sere And seuene brawnchys, os ʒe schal here. 136a 15: Here now han ʒe herd me nemene In þis boke degrees seuene, þat falle properly to þe tre Of þe vertu of chastyte. Now wyle I schewe after my wyt þe seuene brawnchys þat come of it, þat ben seuene maner of statys sere Of men, þat lyue in þis world here. 197a 8: Inow is spokyn of þis tretyce, þere I haue spokyn opynly Of þe synne of glotonye, To whyche þe vertu of sobrenes, þat I offe spake contraryous is. þerfore I wyl speke no more now Of þat synne þat I haue schewyd ʒow. Now haue ʒe herde me here nemene Opynly þe degrees seuene Of þe tree of sobyrnes, þat schewyth al fruyt, þat gode is; cf. 22b 31, 41b 36, 91a 2, 93b 15, 136b 8, 200a 21. 926: And mykel mare yhit may men telle; Bot here-on wille I na langer duelle. Ga we now forther-mar and luke To þe secund part of þis buke. 2684: On þis part I wille na langer stand, Bot passe to another neghest folowand. 3272: Here haf I talde yhow aparty, Of sum payns of purgatory. Now I wille shew, als þe boke telles, Whilk sauls in purgatory dwelles. 3350: Here haf I schewed swilk saules sal be In purgatory, als clerkes can se. Now wille I som syns here specify, For whilk þai duelle in purgatory. 3962: Of al þis haf I spoken til þe ende, And now wille I til þe fifte part wende. 7520: Here have I spoken of þe payns of helle, Als yhe have herd me openly telle, And of þe sext part of þis boke made ende. Now wille I tylle þe sevend part wende; cf. 1048, 1654, 1658, 1761, 2700, 2708, 2786, 2892, 2967, 2971, 3560, 3798, 5223, 6244, 6286, 6402, 6436, 6591, 6998, 7296, 7885, 8167, 8181 etc.

Der formelhafte charakter gewisser redewendungen, wie er der romanzenpoesie eigen ist, zeigt sich auch hier in einer fülle der in die erzählung eingeflochtenen zwischensätze, welche vom autor mit unleugbarer vorliebe gebraucht werden, um den vers auszufüllen und als reim zu dienen.

4b 22: Myght is in hym ay namely, For he is God Fader almyghty, Mayster and lord, os clerkes telle, Of heuene of erþe and of helle. 17a 21: þe fyfte is, os clerkys can telle, To trowe, þat cryst went to helle. 68a 24: For synne is, os telle þeise clerkys A brennynde fyre þat wastyth gode werkys; cf. 41b 39, 137b 29. 2790: Aboven þe stede, als som clerkes telles. 4455: þe whilk er halden, als men telles; cf. 6449, 6984, 7323, 7605. — 85b 16: Symonye, os somme clerkys says, Opynly schewyth hym be sixe wayes. 93b 15: þeise ben þe degrees of mercy seuene, And now I wyle þe brawnchys nemene, þe brawnchys be werkys of charyte and mercy, þat ben, boþe bodyly and gostely. But of charyte of mercy, os sey þeise clerkys, On other syde growyn seuene werkys. 134b 29: For god seyth þus in holy wryt, Os þe boke wytnessyth it. þou schalt nouʒt, he sayth, come In myn syʒt wyth handys tome Before god comyth he tome hand þat askyth hym ony bone prayand. Wythouten presence of gode werkys. He schal not spede, os seyn þeise clerkys, Aʒeyn hym speryth god þe ʒate, Os þeise clerkys wel it wate; cf. 16a 8, 20a 2. 2622: Til ioy or payne, als says þer clerkes. 3802: Pardon helpes þam, als clerkes says; cf. 2755. — 46a 21: þe fyrste rote, os wretyn is, Is properly vnfaythfulnes, þe second is despyt þereby, þe thrydde men callyn surequydry, þe ferthe is, os þeise clerkys wate, Couetyng of hye state, þe fyfte men callyn vayn glory, And þe sixte is ipocrysy, þe seuene is fowle schame to hyde; þeise ben seuene smale rotys of pryde. 17a 9: þe fourthe is to trowe, os clerkys wate, þat cryst tholede vnder Ponse Pylate. 141b 6: But thre thynges fallyn in hem, os I wene, To hem þat in state [Ms. state] bene. þe fyrste is, os clerkys wate, þat who so is in

wydowe state Schulde holde hym pryuyly wyth Inne And vse sylence wyth outyn
dynne, And nouʒt folewe strong compeny Ne abowten þe world be ouer besy.
162a 15: Fyrst I wyl speke of glotony, þat corumpyth, boþe soule and body,
And to non oþer harm dose, But to hym namely þat it wyl vse. I wyl þere
after, os I can, Speke of þe wycked tonge of man, þat oþer men mykel more
derys þanne hym self, þat it abowte berys. For þe wycked tunge, os clerkys
wate, May empeyre many mannys state; cf. 18a 45, 43b 10, 108b 20, 109a 22,
110a 30, 116b 29, 137b 20, 142b 35, 154a 23, 155b 27, 162a 23, 188a 41. 1432:
Ofte chaunges þe tymes here, als men wele wate. 2635: Outher here thurgh
penaunce, als clerkes wate. 3118: For a spark of þat fire es mare hate þan al
þe fire of erthe, als clerkes wate. 7173: þe threttende payne es, als clerkes wate,
þe bandes of fyre brynand fulle hate; cf. 3229, 3871, 8007, 8378. — 43b 29:
þis askynge may to vs brynge þe holy gyfte of knowyng, þat out of þe herte
smertely drawyth þe synne of wratthe, os þeise clerkys knawyth. 66a 16: þis
synne þe gyfte of strenkthe owt drawyth Of þe herte, os þeise clerkys knowyth;
cf. 20a 16. 1476: For þe world til þe endewarde fast drawes, Als clerkes by
many takens knawes; cf. 6702. — 2a 14: First I wyl speke of þe gret profit
Of þe pater noster þat cometh of it, And of þe fruyt and dignyte Of þat
prayʒer, os men may se. And specially of þe seuene askynges, þat on þe pater
noster henges. 14b 14: Thorow herte al so may slawhter be On two manerys,
os men may se; cf. 18a 13, 50a 3. 672: He says, what es man in shap bot a
tre Turned up þat es doun, als men may se. 7622: And says þat þare er
other seven hevens, þat semes lawer, als men may se; cf. 3971, 8119. 115a 31:
Lecchery, os þe book sayes, Departyth it self in two wayes, And boþe wayes
may lecchery be, Os þeise clerkys in book can se. On is lecchery of herte
thouʒt. Anoþer is lecchery of body wrouʒt; cf. 119a 17. 3590: On twa maners,
als clerkes can se, þe saule fra payn deliverd may be; cf. 2854. — 2b 29: þis
prayʒer schulde ben praysed ay Before alle þe prayʒeres þat we say; For it is
priuylegyd, as we se, Be þe resouns of thynges thre. On is dignyte þat here
is, Anoþer thyng is schortnes, þe thrydde thyng is of gret profyt, þat on
many wyses cometh it. 43b 7: þe ferthe askyng, os we se, In þe pater noster
schal þis be. þis wynneth vs, os clerkys weten wele, þe holy gyfte of strenkthe
to fele; cf. 64a 13. 7071: Alle þat pomp, als we se now. 162a 35: Here men
may be skyle wel se How glotonye wastyth þeise þre. Glotonye is swyche a
synne to telle þat mykel payes þe fend of helle. And myspayeth gretely God
of heuene 162b 1: Be many skyles, þat I can nemene; cf. 157a 30. 2890:
Here may men properly by skille se What purgatory falles to be. — 130b 17:
For I wyle vnderstonde and wyte þat where þou go, stonde or sytte, Al þat þou
thenkys nouʒt On god, þat þou schulde haue in thouʒt; Al schal be reckenyd os
tynt for ay, Os clerkys men may here say. 199a 9: þis is þe blessudhede for to take
Of pesybelnes, þat I offe spake, Thorou þe whyche þe vertu of sobrenes Bryngeth
a man þat sobre is To þe mede, þat only fallys To hem þat men pesyble callys.
þat is be cald goddys sonys And wone wyth hym þere he wonys Os men may
here þeise clerkys telle How god seyth in þe gospelle; cf. 4a 27, 26b 10, 64b 39,
115b 32, 128b 16, 130a 17. 983: As men may here þer clerkes telle. 3026: Til
þis, þus men answer may, Als men may here grete clerkes say. 3392: For als
men heres þer clerkes say, Ilk man here lyghtly may. Swilk remedys thurgh
grace wyn, þat may fordo al veniel syn; cf. 5369, 5498, 5753, 6292, 6675,

6979, 7663, 9406. — 16b 7: þe fyrst article þis is to rede Of þe twelue, þat ben in þe crede, To trowe in god fader al myȝty, þat heuene and erthe mad worthyly And alle thynge, os seyth þe boke Petyr fyrst þis article toke. 23ᵃ 1: Forwhy þe wey þat we ofte seke and bayte To heuene is so narw and strayte, þat no man may passe þerby Wythowten gostely strenkthe namely, þat is to vnderstonde þus, But he be, os þe bok seyth vs, Wyth holy werkys strenkthyd wele And gode vertues þat he schulde fele, And namely wyth þeise vertues seuene, þat I wyle now specially nemene; cf. 15ᵇ 18, 115ᵃ 31, 116ᵇ 38, 139ᵇ 23. 205: He þat right ordir of lyfyng wil luke, Suld bygyn þus, als says þe buke. 2880: For þai er swa grisely, als says þe buke, And swa blak and foule on to loke. 4325: He sal alswa dede men uprays, þat sal gang about, als þe boke says; cf. 4479, 4759, 4982, 5232, 5237, 5501, 5508, 6895, 7099, 7718, 7924, 8696, 8757, 8768, 9150, 9401. — 158ᵃ 35: Ryȝt so man schulde wysdom haue And discrecioun, os telle þeise clerkys, In hys wordys and in hys werkys. þis salt ymage thorou ryȝt schewyng Scholde ȝeue wyt and vnderstondyng And ryȝte ensaumplys, os þe boke tellys, To men þat in religioun dwellys. 136ᵃ 20: þat ben seuene maner of statys sere Of men þat lyue in þis world here, On is maydens, þat wyl fle Fleschely dede, tyl þei maryed be. Anoþer is of onelepy, þat hath be fyled and leuyth here foly. þe thrydde is of þo þat weddyd bene. þe ferthe state is of wydowys clene. þe fyfthe state is of maydens sleye, þat thynke be chaste tyl þei dye. þe syxte state of clerkys may be þat ben ordeyned in holy degre. þe seuynthe, os þe boke makyth mencioun, Is of men of relygyoun; cf. 81ᵃ 42, 116ᵇ 38, 176ᵇ 26. 563: Saynt Bernard says, als þe buke telles, þat man here es nathyng elles. 5114: Of angels, and of archangels, And of al other halghes, als þe buk telles; cf. 2386, 2500, 2581, 3940, 4473, 4959, 5402, 5450, 5911, 6184, 7707, 8018, 8696.

Beachtenswerth sind ferner die zahlreichen umschreibungen für locale adverbien, welche offenbar zur versausfüllung dienen.

3ᵇ 39: In þis we aske nyght and day, Stedefaste wylle to serue god ay; For gode to haue wythouten ende We sey þus, wher so we wende. 8ᵃ 11: þis word noster vs byddeth al so To loue god oure fader, wher we go, And wyth al oure herte thank hym sone Of grace, þat he hath to vs done. 12ᵇ 42: þe nynthe is loke þow coueyte nouȝt 13ᵃ 1: þi neyschebores wyf thorow wylle ne thowht þe tente is coueyte nowt, wher so þow gas, No thynk þat þi neschebore has. þe tente comandement on rawe Ben alle taken of þe olde lawe. 17ᵇ 21: þe seuenthe article is al so To trowe ryȝt, where we go, þat god schal comyn at domys day To deme yche man þat is to say, Boþe qwyk and ded, os sey þeise clerkys, And gode and ille after here werkys. 18ᵃ 13: For holy chyrche, os men may ken, Is gaderyng of alle crystene men, þat in þe throwthe of cryst han bene And chose for gode men and clene, And þat her ryȝt, wher so þei wende, And þat schal ben þe to worldys ende. 199ᵇ 5: þeise two ȝyftes holde þe toþer faste God sende vs boþe þe fyrste and þe laste And ȝeue vs grace to kepe hem so þat we neuere skape hem fro. þanne be we sykere, where so we go, Of alle oþere betwene þo two. þanne may we of grace haue gret plente; God graunte vs, þat it so mote be. Amen; cf. 5ᵇ 16, 5ᵇ 28, 12ᵃ 27, 43ᵇ 16, 106ᵃ 31, 136ᵃ 15. 1018: þe ayre fra þeþen, and þe heat of þe son Sustayns þe erthe here, þar we won. 1024: And gyfes us light here, whar we duelle, Elles war þis world myrk als helle. 1241: Swa es þe world here, þar we dwelle, Ful of thefs, þat er devels of helle. Þarfor a man aght, war-so he wendes, Mare drede syn þan þe syght of fendes; cf. 2577, 2866, 9148. 2368.

Als flickmaterial ist ferner eine reihe adverbieller ausdrücke anzusehen; wo der vers nicht recht vorwärts will, nimmt der dichter diese befreundeten adverbien zu hilfe.

Dahin gehört nyght and day wie: 12b 11: þe ten stremys, þat owt sprynges, Be callyd þe ten comaundementes. Be twelfe stremys, þat be spryngande Of þe toþer parte I vnderstande. Twelf artycles of þe trowthe ryʒt, þat we schulde kepe, boþe day and nyʒt. 21a 10: Also ʒyf he wyle bethenk hym sone, What godenesse god hath hym done, And what he doth hym gode, nyʒt and day, And what he schal don hym and do may. He schulde loue hym and drede in thowht More þan any ʒhyng þat is wrouʒt; cf. 3b 39, 5b 17, 6b 23, 7a 30, 20b 30, 29a 26, 30a 29, 190a 32 etc. 1233: þe whilk er bisy, nyght and day, To nuye men in alle, þat þai may. 1255: And þar-for byhoves us, day and nyght Whilles we lif here, agayn þam fight; cf. 123, 1063, 1267, 1635, 2136, 2879, 3513, 4669, 5483, 5704, 8020, 8804.

Ferner erly and late: 131b 39: þere schulde þeise grete lordys and ladys Forgetyn here nobleþ, ʒyf þei were wyse And here dynyte and here hyues And here powere, þat so gret is, And thenke only, þat þei be þan Beforn here lord and here domys man, 132a 1: þat at þe dredful day of dome, Whan alle men schal before hym come, Schal resoun aske of hem sone Of þe godys, þat he hath hem done, Of here hyues and of here state, How þei it vse dyn, erly or late; cf. 14a 19, 14b 28. 6157: Seke I was and in ful wayke state, Yhe wisit me, bathe arly and late.

Ferner loude or stille 157b 1: þe tresore of a man religious Is a clene pouerte, þat is precious. ʒyf it come of gode wylle And wythouten grucchyng, loude or stylle, Os seyth þe holy man þereby, In vitas patrum specially, For pouert to þe mone is lyck, Thorou þe whyche men may bye heuene ryke; cf. 1b 18, 3b 7, 21b 35. 3172: And alswa he says on þis manere, þat ay þe styther þat ilk man here Gyves his lykyng and wille Til veniel syns, outher loud or stille, þe langer sal he pyned be In purgatory, þus says he; cf. 3782, 9607.

Sehr häufig ist der gebrauch von *ay* als flickwort am ende des verses, ein speciell für den norden sprechendes kriterium:

8a 34: ʒyt on þis word noster hynges Among alle oþere two thynges, þat we schulde wyth herte ay, Os ofte os we þe pater noster say. On is loue of broþerhede, An oþer is syker hope to spede. Loue schuld we thorow þis word fele, þat eche man loue oþer wele; cf. 2b 29, 3a 30, 3b 40, 37b 16, 43b 3. 1186: His despisers he waytes ay, Als shadow to tak to his pray; cf. 1292, 1375, 3721.

Ferner þarby, wie 42b 36: Now haue ʒe herd þe vnderstondyng Of þe pater noster to þe endyng, þe whyche god techyth in þe gospelle, Os men may here þeise clerkys telle, But vnderstondyth ʒe schal nouʒt day, Os writen is here, whan ʒe pray; But ʒe schal ay be mouthe only Seyn þe naked lettre and thynk þerby In owre hertys on þis manere, Os I haf told ʒow eche word here; cf. 50ᵃ 6, 108ᵇ 24. 4275: And make þe pople to trow haly þat þai sal noght be saved þarby; cf. 334, 678, 1909, 4346, 5188, 5834.

Ferner be skille 162ᵃ 1: Anoþer fallyth to þe tonge be skylle, Os in spekyng of gode or ille, ȝyf synne in ony of þeise two falle Synne of þe mouthe men may it calle; cf. 4ᵃ 14, 9ᵃ 21, 9ᵃ 37, 19ᵃ 31. 1110: þe world es Goddes enmy by skille, þat contrarius es to goddes wille; cf. 2164, 2266, 2775, 3736, 4141, 8435. Be law and skille 3840.

Erwähnenswerth sind ausserdem formelhafte wendungen, welche die glaubwürdigkeit der erzählung durch bekräftigende versicherungen stützen sollen, wie 199ᵃ 29:

Al may men fynde in þis boke redy And be many skyles prouyd apartely, þe whyche ȝyfte wythouten failyng. Men may wynne thorou þe fyrste askyng Of þe pater noster þat we bydde, For it is most and hyest kydde; cf. 4ᵃ 6, 21ᵇ 30, 27ᵃ 9, 51ᵃ 32, 125ᵇ 27, 126ᵃ 11. — 13ᵃ 18: þe fyrst is wythouten dowte, þow schalt no false goddys lowte; But men schulde god almyghty honour And hym one serue wyth gode laboure And setten here loue in here kyng In þat god before al thyng. 1694: And als þe body, with-outen dout, Es ded, when þe saule es passed out; cf. 588, 2829, 4079, 6453, 7053, 7245, 7537, 7601, 8561, 8991. — 12ᵇ 29: þeise ben þe comaundementes ten, þat byndeth here alle crystene men. þe fyrst is þis wythowten errowr. þow schalt no false goddes honowr. Anoþer is þis, þat is certayne, þow schalt not take goddes name in veyne. 186ᵃ 39: Holy wryt, þat ay certeyne is, Techyth vs to kepe sobrenes In many manerys os fallyth to be And thorow here sawmples, os men may se. 23ᵃ 15: þe thre dyuyne vertues men callys And þe fowre after cardinallys Dyuyne men calle þe fyrste thre, Trowthe, hope and charyte For þeise thre ordeynde certeynly Al þe herte to god al myȝty; cf. 9ᵇ 12, 15ᵃ 23, 83ᵃ 11, 112ᵇ 22. 3812: For pardon here, þat es certayn, May þam relese of þe dede of payn. 4611: Bot how swa it be, þis es certayn, Thurgh goddes myght þar sal he be slayn; cf. 419, 3559, 7483. 2296: þan er we certayn, with-outen were, þat at our last ende þai sal apere; cf. 2510, 4088. — 15ᵃ 27: For he, þat ȝernes to haue þe lyf þat ay schal laste wythouten stryf. He schuld fro no man take wyth wrong Ne þat he hath takyn wythholden ouer long; cf. 76ᵃ 39. 8663: þe sevend blys es endeles lyfe, þat þe saved salle have, with-outen stryfe. — 37ᵃ 20: Also to god almyȝty he awe þat he wratthed hath and broken hys lawe So grete amendes, for soþe to say, þat he is of non power to pay For in al hys lyue, whyl he leuyth here, þou he lyuede an hundred ȝere Or more, ȝyf he so longe lyuede, And he hadde onys god dedly greuede.

Häufig ist ferner der gebrauch der formel *þat is to say*, welche nachdrücklich auf einen gegenstand hinweist, jedoch meist als flickphrase zur gewinnung des reims dient, wie 50ᵇ 21:

þe seuene brawnchys now haue I red, þat in þe meke mannys herte be spred. Alle þei sprynge, boþe more and les, Owt of þe vertu of mekenes. þat ledyth a man be þe ryȝt way To þe blessydhede, þat is to say Of gostely pouerte þat god payȝeth And to þe mede, os god þus seyth. 25ᵇ 21: For filosophye, os we may se, Is a word of gret dygnite And is þus meche for to say, Os loue of wysdom, þat lyketh ay, And philosophre is not ellys But louere of wysdom, os clerkys tellys. 39b 9: At ne nos inducas, in temptacionem þat is to say þus schortely, Swete fader god almyghty, Lede vs not wyth Inne temptacioun, þat we no more to synne be boun, þat is to say thorow vnderstondyng, Lat vs nouȝt ben feld in fondyng. 13b 20: þe thrydde is halwe wel þi holiday, þat is þus meche for to say, þou schalt kepe þe sone dayȝes clene And alle solempne festys, þat bene, þat ben ordeyned thorow holychyrche Of alle werkys of seruage to wyrche, þat is to say from werkys of body And from werkys of synne and foly; cf. 5b 16, 17b 24, 36b 2, 41a 14, 41b 2, 189b 42, 195b 17, 196b 3. 5426: þat sal accuse in þat dredeful day þe synful men, þat es to say. 5191: þar-for Crist sal sytte þar þat day, Onence þe myddes of erth þus for to say. 5632: For to deme right his folk þat day. And þis vers es þus mykel at say; cf. 365, 401, 1479, 1616, 1676, 2456, 2559, 2658, 2764, 2827, 3184, 3396, 3435, 4139, 4181, 4375, 4838, 5555, 5633, 5808, 5867, 6713. etc.

Bemerkenswerth ist der den nördlichen mundarten eigene, in beiden gedichten sehr häufige gebrauch von *sere* mit dem begriff der verschiedenheit in verbindungen wie:

43a 11: þe seconde of þeise askynges sere In þe pater noster is þis to bere. 116a 29: Lecchery of body, os men may here, Is (Ms. it) schewyth in fowretene degrees sere. 119a 25: Chastyte may be cald ryȝt A tre of gret vertu and myȝt, þe whyche hath seuene degrees sere And seuene brawnchys, os ȝe schal here. 165a 19: But it ben many manerys sere Of lyuyng in þis world here. 199b 13: Here is þe ende of þis tretyce, þat spekyth of many manere of vyce, And of vertues, manye and sere, And of al þat nedful were to lere, And to cnowe, what is goddys wylle, And what is gode and what is ille, What god greuyth, and what hym payeth, Os þe boke here opynly seyth; cf. 24a 38. 762: Now, he says, my fon days sere Sal enden with a short tyme here. 1428: For god wille men se, thurgh swilk takens sere, How unstable þis world es here. 7201: þai salle be pyned on þis manere, With oþer paynes, many and sere. 9393: Be turmented on sere manere With grysely payns, many and sere; cf. 146, 828, 1327, 1428, 1448, 1851, 2715, 3398, 3412, 3429, 3503, 3633, 3902, 8547, 8614, 8750, 8994, 9341, 9523.

Hervorgehoben zu werden verdient auch eine redewendung, welche ursprünglich die erklärung bezeichnet, dass etwas gesichert ist, dann überhaupt die bedeutung des billigens hat, eine ausdrucksweise, welche häufiger von gott als vom menschen gebraucht wird.

5a 26: Richeste al so to hem falles, þat men goddes chyldren calles; For more richeste may no man haue þan god on hys chyldren voucheth saue. 5b 2: On þeise thre thynges þat þei haue Of þe fader, þat wel woucheth saue. Swyche thynges for here behoue þerfore þei awȝte her fader wel to loue, 23b 27: We schulde loue god for hym self only And owre euene crystene for god almyȝty; For þe ton may not, os I fele, Wythowten þe toþer be louyd wele, Os Seynt Johan in hys pystle says, Whos sawys ben myche for to prays. þat comawndement he seyth we haue Of god only, os he voucheth saue. 162a 15: Fyrst of Abraham, þat voucheth saue, To herborwe alle, þat herborwe wold haue; cf. 14a 11, 19a 35, 25b 16, 114a 10, 139b 9. 3002: þus sal þe saules, als god vouches save, For sere syns, sere maledys have. 3532: þarfor sen god ofte vouches save þat a man here swilk angers have. 6167: When saw we þe nede of herber have, And to herber þe vouched save; cf. 92, 4527, 6511, 6605, 6962, 8030, 8205, 8276, 8687, 8941, 9208, 9342.

Der autor liebt es ferner, statt bestimmter oder unbestimmter fürwörter neben denselben die theile der gesammtheit, welche gewöhnlich im verhältniss des gegensatzes stehen, aufzuzählen und so dem begriff eine ausmalende erweiterung zu geben; am häufigsten ist die zusammenstellung von gross und klein, alt und jung, hoch und niedrig, reich und arm, gelehrt und ungelehrt u. s. w.

1b 7: Bot þis schal be my spekyng, We speke of most nedful thyng, þat sykerest is for soule and lyf. Of (Ms. we) man and womman, maiden and wyf. 4965: Alle men sal ryse þan, þat ever had life, Man and woman, mayden and wyfe, Gude and ille, with fleshe and felle, In body and saul, als clerkes can telle. 4808: þe fourtend day, al þat lyves þan, Sal dighe, childe, man and woman; cf. 197, 479, 7489. — 1b 35: Boþe lered and lewed, olde and ȝonge, Alle vnderstonden english tonge. 179b 27: þus grucche, boþe ȝunge and olde, Aȝeyn god, os I haue tolde. 6b 4: þe fyfte thyng is honour tolde þat we scholen, alle ȝong and olde Louen god wyth gret talent Of al þe godnesse, þat he hath to vs sent; cf. 200a 30. 436: þer þre partes er þre spaces talde Of þe lyf of ilk man, yhung and alde. 5135: He sal com doun to deme ilk man, Gude and ille, bathe yong and alde, Als þe angels til his disciples talde. 6010: At þe day of dome, als byfor es talde, Alle men sal he, bathe yhung and alde; cf. 213, 2578, 4926, 6283, 6419, 6856, 7314. — 19a 37: In many places god may be Al at on tyme, os men may se, Be a myrowr on þis wyse, þat is brokyn in many partyse, In eche a piece, gret and smale, Men may se ay a thyng hole. 69a 41: He þat wyle make hys schryfte hole, Schulde telle alle hys synnes, grete and smale. 3187: þa er veniel synnes þat may falle, Bathe grete and smale, and men withalle. 3976: þe thred es of þe rysyng generale Of alle men, bathe grete and smale; cf. 4183, 4992, 6630, 7447. — 32a 14: þe holy ȝyfte of vnderstondyng, þat may a man to clene lyf bryng; For os þe soune putteth a way þe merkenesse of nyȝt and makyth it day And wasteth þe clowdes þat merk bene And þe mornyng myst þat ben sene, Ryȝt os þis ȝyfte, þat men tastes, Al þe merkenesse of þe herte wastes And schewyth hys synnes thorow clerenesse And alle hys defawtes, boþe more and lesse; cf. 25b 37, 50b 24. 65: For of alle þat god made, mare and les, Man mast principal creature es. 1894: Knaw þow, he says, þat þe dede es Comon to al men, bathe mare and les. 3128: þe saule þe lyfe of þe body es Of ilk man here, bathe mare and les; cf. 89, 2214, 3144, 3147, 3195, 3477, 3505, 3582, 3634, 3958, 4127, 4183, 5454, 5481, 5490, 5930, 6124, 6490, 6975, 7372, 7487, 7544, 7693, 8306, 8664, 9345, 9436. — 8a 42: For we be, boþe hye and lowe, 8b 1: Breþeryn, os yche man schulde knowe, Of fader and moder ryght Oure fader is god most of myght And oure moder is holychyrche, After whom vs behoueth to wyrche. 26a 1: þat makyth a man don þat hym awe Aȝeyn eche man, boþe hye and lowe. 4953: And of alle corrupcions, bath hegh and law, þat men may now se, here and knaw. 8227: And alle other thyng þai salle knawe, And se over-alle, both hegh and lawe; cf. 1872, 8658. — 87b 35: For somme men hawnte, boþe ryche and pore

Dowble weyȝte and dowble mesure   And vse boþe thorow lythernes   Bye wyth þe more and selle wyth þe les,   Or ȝyf þe weyȝte or þe mesure be lele   And selyd wyth þe kynges sele. 1872: Ne riche, ne pover, he spars, hegh ne law, þat he ne þe lyf wil fra þam draw. — 82b 20: Fals pleynyng, os men thynk, is he,   Leryd or lewyd, weþer he be,   þat askyth a false enchesoun   To mote a man aȝeyn resoun. 94b 5: So þat no tyme, þat wrong is vsyd,   Schal before god be accusyd,   Whan alle dedys schole be schewyd,   Boþe of leryd men and lewyd. 130a 16: Festys of halewys, þat ben in heuene,   Os men may here in chyrche often nemene. þe festys men schulde holde and kepe,   And in here name don god worchype   And loue hym, boþe leryd and lewyd,   Of myracles, þat he hath schewyd. 162a 7: On is þe synne of glotony,   þat fallyth to þe throte and to þe bely,   Os in etyng and drynkyng more. Aȝeyn mesure þan mestere wore. Anoþer is also in þe syn   Of þe ille tonge of þe mouthe wyth In,   Os in ille speche, þat often is schewyd,   Boþe among þe leryd and þe lewyd. 182a 36: Ryȝt so it be somme crystene men,   Also wel leryd os lewyd to ken,   þat cnowe god wel thorou holy wryt   And thorou trouthe, os þei vnderstonde it. 117: Wharfor ilk man, bathe lered and lewed,   Suld thynk on þat loue þat he man shewed. 2394: And ilka thoght and ilka wille,   Als wele þe gude als þe ille. 4413: On þis four maners, als I haf shewed,   He sal drawe til hym, bathe lered and lewed; cf. 2444, 2607, 5302, 6266, 8727. — 67a 29: And os a tree in þe erthe rote fast   þat no wynd nor storme may down caste,   So schulde a man, þat hath wyt,   Stedefastely hys herte knyt;   So þat no chawnce, gode nor ille,   (Ms. it) May reue ne turne hys wylle. 5368: Alle sal haf drede þat day,   Bath gude and ille, als we here clerks say. 2394: And ilka thoght and ilka wille,   Als wele þe gude, als þe ille   And ilka worde þat spoken haf we   Gude or ille, whether þai be; cf. 2414, 4931, 5622, 5724, 5905, 6124.

Zum schmuck der rede wie zur herstellung des reimes dienen ferner gewisse formelhafte wendungen, die wegen ihrer beliebtheit in der romanzenpoesie auch auf dem gebiet der religiösen dichtungsart eingang gefunden haben.

2a 9: þerefore may it be ryht calde,   Godes prayere, os we it halde   Wherefore þat vnderstonden wyle. þis lessoun os þei schulde be skyle   þei schulde become, boþe meke and mylde,   And debonere os ony chylde   Swyche ben þe verray scoleres ryȝht   Of oure wys maister god al myght. 400: Bot yhe, he sayde, be als a childe,   þat es to say, bathe meke and mylde. 67a 44: And in þe way to be lastande   And neuere for wel nor wo faylande. 95b 9: ȝyf a sothfast frend hym conceyle soo   þat leuyth hym in boþe in wel and woo. 106a 30: So þat wyle neuere after for wel nor woo   Turnen here herte, where so þei go. 149a 9: Swetely os þat þou neuere more   Be styred thorou welthe and wel fare; cf. 25b 7. 1002: In þis werld es, bothe wele and wa   þat es ofte chaunged to and fra. 2576: For certayn, whederward he sal ga,   Whether he sal wend til wele or wa. 6228: Why ne had god made us swa,   þat us thurt never haf feled wele ne wa; cf. 1260, 1278, 2116. — 40b 21: For os Salomon seyth þereby   þat was a wyse man and a wytty. 145b 22: Wherfore god seyth in holy wryt   Thorow Salomon, þe wyse of wyt. 190a 5: Wherfore þe wyseman of grete wyt   Seyth þus opynly in holy wryt. 191b 13: And þerefore þe wyseman of wyt   Spekyth þus and seyth in holy wryt,   þat þe wordys, þat wyse men nemene, In balaunce be weyed euene, þat is to say, þat he þat is wyse, Hys wordys weyeth wythouten fayntyse. 2: þe witte of þe Son alwytty. 21: þat was ay als wys and ful of wytte. 1354: þe quilk, als says wyse men and witty, Onence god es bot foly. 1362: Bot he may be called witty and wyse, þat þe world can fle and dispise; cf. 2574, 6487. — 18a 30: þe eleyuenthe article folewande, Is þis namely to vnderstande, And to trowe wythowten feyntyse, þat alle men schal at domysday ryse Owt of here graues in flesch and felle And body and sowle to gydre schall dwelle Euere more wythowtyn ende, Weþer þei to joye or to pyne wende. 81: And alswa he ordaynd man to dwelle, And to lyf in erthe, in flesshe and felle. 3076: Bot þe ryche man saule feled in helle Payne, als he had bene in flesshe and felle; cf. 739, 4967. Daneben auch flesche and bane wie 628: A fouler myddyng saw þow never nane þan a man es, with flesche and bane; cf. 2316, 2913, 3108, 5143, 6861.

Im St. csc. begegnen wir noch einer reihe allitterirender redewendungen von traditionellem gepräge, so

256: þir four norisches ofte pompe and pride And oþer vices þat men can noght hyde; cf. 1180, 1199. 770: Than waxes his hert hard and hevy. 2868: For syn es swa hevy and swa harde. 7027: With a stane, þat es huge and hevy. 9458: With glowand hamers, ful huge and hevy. 772: þan waxes his gaste seke and sare. 5945: To hele þam þat er seke and sare; cf. 1461. 3468: Or men þat er synful and sary. 2233: þat his chere sal make grisly and grym. 2250: þat þe devel þat es grisely and grym; cf. 2226, 6902. 7138: For-whi þare salle be knawen and kyd. 8242: Salle þan tylle þam be knawen and kyd. 9314: þus may þai syng and say for sere skilles. Beachte schliesslich 1a 27: For alle gode wordes men schulde prayse And not lacke nor loue hem þat hem says. 796: He loves men þat in ald tyme has bene He lakes þa men þat now are sene. 187b 24: Of þis hye roche comyth þe welle Of parfyt loue in herte to dwelle, þat is clensyd and clene mad Of þe loue of þis world brad. 3240: Til þai be clensed and made right clene Of alle spottes of syn, þat may be sene. Andere allitterirende ausdrücke werden an späterer stelle erwähnung finden.

Beliebt ist ferner die annomination, d. h. die neigung ein substantiv mit einem verbum von demselben stamme durch syntaktische beziehungen zu verbinden.

10b 22: Many a word fynde we may þat schewyth what wer of hym to say, þat þer may no word so propre be, Os þis word is þat we se, þat neme þe name so properly And so schortly of god almyghty. 127a 35: And he aske wyth godys name to nemene Of Jesu Cryst goddys sone of heuene, þat askyth wyth guode herte and lele Thyng, þat fallyth to soule hele. 41a 11: þerefore we aske in þis askyng, Owre fader, helpe in al fondyng. 12b 11: þe ten stremys, þat owt sprynges, Be callyd þe ten comaundementes. Be twelfe stremys, þat be spryngande Of þe toþer parte, I vnderstande. Twelf artycles of þe trowthe ryʒt, þat we schulde kepe boþe day and nyʒt, þus susteyneth vs holy chyrche And techeth vs gode werkys to wyrke. 123b 33: þerfore Seynt Jerom byddeth wyrke Gode werkys ay and be nouʒt irke, So þat þe feend fynde vs ay Bysy in gode werkys nyʒt and day. 198b 15: For here fadres werke þei wyrke And of hyse werkys þei be nouʒt irke, And for þi þat men calle hem ay Goddys chyldren blessed be þei; cf. 14a 24, 22a 36, 63a 14, 79a 34. 3778: þat we se here gude werkes wirk, And has þe sacramentes of halikyrk. 6905: Synful werkes here for to wirk, Agayne þe law of god and of haly kyrk. 8971: And þat ilkane acorded with other in anehede, Als Lisyas with Sampson dyd in dede.

Sehr häufig wird das mittel oder werkzeug genannt, wodurch allein die durch das verbum bezeichnete handlung oder thätigkeit bewirkt werden kann, eine ausdrucksweise von echt epischem character.

13ᵃ 10: þeise comaundementes ben non fables, Forwhy god wrot hem on two tablys Wyth hys fyngres, os clerkys knowys, And þo be betokenyd þe two lawys. 175ᵃ 1: Anoþer is, whan men swere wylle Lyʒtely for nouʒt þorow skylle. þat is defendyd, os clerkys may cnowe, In þe comaundementys of þe lawe, þat god fyrst wyth hys fyngre wrot In tables of ston, os clerkys wele wote. — 5ᵃ 34: Beute in godes chyldren is, For god hem made to hys lyknes And after hys schap, þat is so fayre, He made here sowles of þe eyre. More bewte myʒt neuer more be sene þan in hys lyknesse is, os I wene. For so gret bewte is þere Inne þat non herte may ʒenke nor ymagyne. 36ᵃ 37: þerfore is vertu in noryschynge In þis bred ouer al thynge More þan ony man knowen here may 36ᵇ 1: Or thenk wyth herte or wyth tonge say; cf. 21ᵃ 17, 184ᵃ 39. 7314: þan alle þe men of erth, ald and yhong, Moght thynk with hert or telle with tong. 7803: Ne think in hert ne with tong neven þe ioyes þat þan salle be in heven; cf. 386, 2737, 3510, 3524, 6562, 6801, 7497, 7565, 8062, 8493, 8552, 8634, 9284. 71ᵃ 24: False flateryng to mayster or to Lord Wyrchyng and sowyng of dystord Tellyng of vayn tryfles wyth tonge Scornyng oþer of olde or ʒonge. 90ᵇ 30: Or in ony oþer dyuerse play þat ony man can wyth tonge say. 95ᵇ 13: Fowre thynges may men schewe þat can þat in alle angrys conforten a man ʒyf he hys thouʒt on þe foure sette Alle hys angrys he schal forgette. On is to thenke on þe peynes of helle þat ben more þat ony tonge may telle. Anoþer is to thenke wythowten feyntyse On þe grete joye of paradyse; cf. 104ᵃ 33, 160ᵇ 5. 6851: For þan sal be ma devels in helle, þan any tung can recken or telle. 7195: þat es in þe deppest pytt of helle, Whare mare sorow es þan tong may telle; cf. 6688, 6801, 7527, 9338, 9352, 9384. — 109ᵃ 19; And þe fadyr of heuene hye, þat al þat hyd is seth wyth eye, Schal ʒelde þe, os þou schalt fele, þus seyde god, os clerkys wyten wele. 184ᵃ 24: þe leste degre and þe heyest is þis Of þe sty of profyʒtenes þat Jacob saw (Ms. say) wyth gostely eye, þe whyche rechyd to heuene so hye, þere aungelys vp and down wente, Os god almyʒty hadde hem sente. þe degrees of þis steye to heuene Be þe ʒyftes of þe holy gost seuene. 6523: For drede of dede þat he most efte dreghe, And of þe paynes þat he saw with eghe. 7488: þat alle þe synfulle men salle dreghe. þan salle ilk ane se þare with eghe, Men and wymmen, many a thousand, On ilk syde obout, in sere payns dwelland; cf. 7784, 7793. 199ᵃ 1: And sythen it passyth alle wyttes of man Or wordys of man it passeth þan; Forwhy non herte of man thenk it may, Ne ere it here, ne tunge it say, Ne eye myʒte neuere it se thorow syʒt, Were it neuere so clene and bryʒte, What ioye it is, þat neuere endys, þis pees þat god hath hyʒt to hys frendys. 6583: Alle þir er generale paynes in helle; Bot þar er other ma þan tung may telle, Or hert may thynk or eer may here, Of special paynes þat er sene.

Zur hervorhebung eines begriffs bedient sich der dichter der combination zweier oder mehrerer synonymer oder ähnlicher wörter, welche bisweilen zu blossen formeln erstarrt sind; diese neigung zur verschwenderischen fülle synonymer ausdrücke zeigt sich zunächst in der anwendung der adjectiva.

25b 19: Hardy bacheler and bald. 45a 17: Thorow whych (sc. pryde) þe fend, os he can, Maketh dronken many a man þat be wel ryche and myȝty And noble, wyȝt, bold and hardy. 66a 4: Nobles in þe toþer syde Makyth a man bold to abyde, And a gret thyng to vndertake And to chese for goddys sake; But þe vertu þat I before told, Makyth a man hardy and bold. 66a 10: þus may þeise sixe vyces brynge A man to ille endynge. þeise ben þe eyȝtene vyces to knowe, In þe whyche men fallyn þat ben slowe. Alle þei spryngen on eche syde Owt of þe synne of accydye. þis synne þe gyfte of strenkthe owt drawyth Of þe herte, os þeise clerkys knowyth, And in þat stede euene to gesse, Setten þe vertu of prowesse. Prowes is a vertu of prys, þat makyth a man hardy and wys, Thorow þe whyche he may ouercome thorou grace Alle vyces and vertues purchace. Seuene degrees hath þat vertu And seuene brawnchys þat han valu. 114a 15: Now may men se þat tente pereto, What þe ȝyfte of conceyle may do, þat þe thrydde askyng wynne vs may In þe pater noster þat we say. þat ȝyfte makyth a man buxom and bold, To don mercy, os I haue told; cf. 49a 20, 188b 11. 6855: For swa hardy es na man, ne swa balde In þis werld, nouther yhung ne alde. — 23b 13: Hope, os Seynt Austyn says, Vs may to god vp lyfte and rays And makyth vs stalworthe and myȝty And smert and wyȝt and hardy, To vndertake for hym in ryȝt þat passyth here mannys myȝt. 64a 39: For ȝou art ȝong and hool of herte, And ȝow semyst stalworthe and smerthe, Boþe to ryde ryȝt and to gange And be ȝow syker þou schalt lyue lange. 688: A man, þat es yhung and light, Be he never swa stalworth and wyght. — 35a 26: þat is þe ȝyfte of strenkthe calde þat armeth and maketh godes knyȝtes bolde. 58a 10: Parfyt loue of swyche myȝt is calde þat it makyth a man boun and bolde.

Hieran mögen sich folgende attribute schliessen:

18a 9: þe nynthe article, þat I schewe ȝow now, Is in holy chyrche to trow And al so in þe comyng Of alle holy mennys lyuyng; For holy chyrche, os men may ken, Is gaderyng of alle Crystene men, þat in þe trowthe of Cryst han bene And chose for gode men and clene. 87b 27: For þat thyng þat he bye wylle He lacketh it gretely aȝeyn skylle And telleth defawtes þere none be sene And sweryth it is nouȝt gode and clene. 103b 32: The thrydde thyng is gode lyf and clene, þat in þe domys man schulde be sene. 174a 3: þe lyere is among oþere men Os is þe false peny to ken Among is gode and trewe, Weþer it be olde mone or newe. And os þe chaf þat is often sene Among þe corn, þat is gode and clene, þe lyer is lyk thorou lykenes To þe fend þat hys fader is; cf. 31a 14, 88a 17, 127a 13. 19b 10: For os þe heuene is clene and clere So ben here hertys in þe same manere. þei ben ay ful of blys. Sothely men schulde vnderstonde þis. 4887: It sal wirk als þe fire of þe spere, To make þe elementes clene and clere. 6395: Bot alle erthe sal be þan even and playne And be made als clere and fayre and clene, Als any cristal þat here es sene. — 30b 40: Al þat before semed clere and bryȝt. 31a 28: þis is a newe baptesme sene, To make þe herte bryȝt and clene. 574: þarfor he þat had als sharp syght, And cler eghen and als bright. 3336: For als gold, þat shynes clere and bright, Semes fyned clene ynoghe til mans sight; cf. 6362, 8640, 8885, 9054, 9068. 696: For a flour þat semes fayre and bright, Thurgh stormes fades, and tynes þe myght. 994: þat werld is ful bright and fayre, For þar es na corrupcion, bot cler ayre; cf. 7640, 8869, 9196. 7912: In heven þai salle be fayre and clere And mare schyneand and mare bryght, þan ever þe son was tylle mans syght; cf. 7649. — 16a 16: And ʒyf a man wolde not stele But wolde beholden gode and lele, He schulde not coueyte in herte longe Oþer mennes godes to haue wyth wronge. þeise ben þe comaundementys ten, Of whyche þe thre fyrst to ken, For to loue god of heuene And to loue oure neschebores seuene; cf. 95a 28, 127a 37. 8390: Swa parfyte þat luf salle be and lele; cf. 4235. — 74b 15: The thrydde batayle þat is ay fresch, þat is þe bateyle of hys flesch. þat bateyle is boþe kene and felle And longest wyth a man wyle dwelle. 74b 34: And þe more fel and þe more kene Os whan in Sampson þe forte sene. 6955: And þi covertoure on þe sene Salle be vermyn fulle felle and kene. 9445: With-outen, with dragons felle and kene, Swa hidus was never here nane sene. — 67b 31: Seuene victoryes þat here avayles Of seuene maner of battayles, Thorow wyche a man may not mys Of þe seuene corowns of blys. Fyrst batayle to begynne Is þe batayle of dedly synne, Anoþer is of penawnce hard, þe thrydde is of hys flesch froward, þe fyfthe and þe ferthe of þe world be two, þe ton of welthe þe toþer of woo, þe toþer of wyckede men and felle, And þe seuenthe of þe feend of helle. 76a 5: The sixte bateyle, þat I wyl telle, Is of wycked men and felle, þe whyche be lymes of antecryst, þat þe feend of helle hath noryst. 198a 4: þeise ben be ryʒt goddes sonys calde, For pes þei kepe wele and halde, Forwhy þei bere þe ryʒt lyckenes Of here fader þat god is And lord of pees and of loue, Os Seynt Poule seyth þis may men proue, Wherfore pes and parfyt loue (Ms. loue parfyt) Is a thyng of gostely delyce, þat makyth a man most kyndely Lyke to oure lord god almyʒty And contrage to þe fend of helle Godys enemy, þat is fals and felle.

Zu erwähnen ist ferner der pleonasmus in fällen wie:

158a 7: For soþe me thynkys it faryth ryʒt so Be prelatys and be oþere mo. 186a 13: Thre þinges namely and no les Techyth vs to kepe wele sobrenes; On is kynde to lede wyth skylle, Anoþer is holywryt to fulfylle, þe thrydde is eche a creature ryʒt, þat god hath mad thorou hys myʒt. 188b 35: Sobrenes and temperaunce Make þe herte of clene contenaunce And is nouʒt ellys whan it spryngss But kepyng of mesure in alle thynges, þat is to say in thouʒt, worde and dede And in alkyn thynges vsyng, os we can rede, But specially in thynges seuene Men schulde kepe mesure euene þat be seuene degrees and no les Of temperaunce and sobrenes. þo ben seuene manerys of mesures þat falle to crystene creatures. 6038: Als his apostels and other ma, þat for his luf tholed angre and wa. 6471: And if it thurgh kynd myght be swa, þat an hundreth thousand men or ma; cf. 3997, 5849, 7403, 8926. 7651: Fra þe erth untylle þe cerle of þe mone, es þe way of fyve hundreth wynter, and na les. 7733: A thowsand yhere and na les Ar it come at þe erth, swa heghe it es.

Ebenso verschwenderisch verfährt der dichter mit der häufung von substantiven.

Es heisst vom menschen 20b 22: For he is nouʒt but fylthe and stynke,

No fruyt of hymself may come, But fylthe and stynk, þat is lothsome. To al wyckednesse he is hyldande, But in al godnesse he is faylande Of hym self wythouȝten nor wythInne Comyth nouȝt but fylthe and synne. 32b 38: Grawnte vs here, ȝyf þi wille be, þat þe holygost vs lyȝt wyth In And clense owre hertes of al fylthe and syn. 188a 5: þat þe holygoste ȝeuyth vs Parfytely clensyth þe herte wyth Inne And makyth it clene of al fylthe and synne. 6236: And þe filthe and alle þe stynk Of alle þe werld þan sal synk. 6561: þe thred alswa es filthe and stynk, þat es stranger þan any hert may thynk; cf. 460, 634, 2365, 6334, 6676, 6689, 6696, 6698, 7184.

Synonyme wiederholung zeigt sich ferner bei den ausdrücken des leidens und des schmerzes.

98a 27: The sixte brawnche is to haue compassyoun Of þem, þat be in tribulacioun, Or in any angyr of herte, Or in synne þat þe saule may smerte; For we ben lymes of on body, Eche schulde fele oþerys malady And alle oþere angrys and who And han rewthe in herte, wher so we go. 3516: For na man may to heven ga, Bot-if he thole here anger and wa; cf. 6039. 112a 16: From þe fyrste tyme þat þe world began Whan heuene and erþe was mad and man; For þat ȝe dyde in my name To þe pore to me ȝe dyden þe same; þan schal þeise felowchypes two Lede lastende lyf for euere and oo. þere Jesu Cryste mote brynge vs to (ae. tvá) For in þis world is but sorewe and woo. 7312: Yhit salle þare be sere payns many ma Als þe boke says, and mare sorow and wa; cf. 7401. Andere wendungen im St. csc. sind: 1405: þar sorow and þyn ever-mare es; cf. 8415, 8584. 1862: þarfor þair payne and sorow es mare, When þe tane sal fra þe tother fare. 7326: For þare salle be þan herd and sene, Alkyn sorow and trey and tene.

Beachte ferner 195a 41:

Sythen he hath neþer wyt nor skylle After hys kynde he doth hys wylle. 195b 1: But man or womman weþer so it be þat hath wyt and skyle and wylle fre. 49: Whar-for þe creatours þat er dom, And na witt ne skille has, er bughsom To lof hym, als þe boke beres wytnesse, On þair maner als þair kynd esse; cf. 61, 91, 162, 3448. 76: And gaf hym wytte, skille and mynde, For to knaw gude and ille; cf. 167, 198, 251, 607.

Von Samson heisst es 74b 38:

For in hys heer was al hys strenkthe, þat semely was of brede and lenkthe, Alle þat was holly fro hym refte So þat no þrenkthe was wyth hym lefte. 91a 8: Mercy may wel lyckened be Be gode skyle vnto a tre þat men so hoþe growe and spede, Boþe on lenkthe and also on brede; Seuene degrees on þat tre be sene And owt of it sprynge brawnchys fowrtene, Of whyche ben sene, to telle hem efte On þe ryȝt syde and seuene on þe lefte; cf. 25b 26; 1495, 5899, 8911.

Schliesslich sei erwähnt 32b 30:

Pes, reste, ioye and solace. 3204: Til hey Paradise, þat blisful place Whar ay es rest, joy and solace; cf. 3729, 6386, 7483, 7758, 9128, 9241.

Auch beim verbum erfolgt die wiederholung synonymer begriffe mit unverkennbarer vorliebe seitens des autors; zunächst verdienen diejenigen unsere beachtung, welche eine art der aussage bezeichnen, also erzählen, sagen, beweisen.

88b 35: Some also telle and says þat þei han lost hors and harneys. 118b 39: þerefore men calle it sodomyk For it is to non oþer synne lyk, þat synne þe feend techyth and lerys To men and wommen on sere manerys. 22a 22: For whan a man louyth god ay And thankyth hym, boþe nyʒt and day, Of alle gode he hath hym done. þan schewyth it mekenesse in mowth sone Thorow techyng and lore Mekenes schewyth it openly þore. 126b 29: He þat wythouten deuocioun prayes He prayeth os he þat spekyth and says. 130b 1: But som men may answere þus and say, Syre, we may not al day pray, Ne eche day be at þe chyrche, We moste som tyme oþer thynges wyrche. What ille or foly schulde þis be, ʒyf I ʒede som tyme to play me. 149a 21: þe thrydde skyle is, why men schulde it prays, Os þe boke prouyth and says. 176b 26: For, os holy wryt seyth and proues, Symplenes and sothfastenes god louys; cf. 97b 15, 100a 4, 105a 35, 125b 44, 142a 13, 185a 13, 187a 21. 585: Als þe buk says and bers witnes. 1113: Als þe apostel says þus and profes. 3555: Als theches and preches haly kirke. 9322: Als David til god thus spekes and says; cf. 4875 etc.

Geläufig sind dem autor ferner folgende wendungen:

3a 29: þis bede putteth al ille a way And þat is gode it wynnes vs ay; It festeneth in vs alle gode to laste And maketh oure herte in god stedefaste. 18b 2: þe sacrament of þe awter dyʒt Is (Ms. in) a ʒhyng of gret myʒt þat is goddes flesche and blode, þat of bred is mad to sowle fode, þat sacrament may feste and knyt Grace in hym þat resseyneth it. 30b 1: þe fyrst ʒyfte of þe holygost, þat is þe ʒyfte of wysdom to taste, þe whyche festenyth þe herte ay faste In god þe fader ay to laste And joyneth and knytteth ay to hym so, þat it may not departe hym fro. 33b 41: þat þeise thre askynges were in vs done And confermed in vs and festenyd faste And fulfylled in loue, þat ay schal laste; cf. 30b 29, 31b 18, 67a 26. 1908: And ilka vayne of þe mans body Had a rote festend fast þarby. 8385: And þat luf salle be fested swa fast þat it salle never fayle, bot ay last; cf. 7215. Ferner 9b 25: þerefore seyn þeise noble clerkys And holy men of holy werkys þat among alle þe names to nemene þat is sayd of god of heuene. þe fyrste and þe propereste is þis þat most be skyle vs may wys And kenne and knowe, what gode is, Thorow knowyng of sothfastnes. 187: Bot þat ne(de)ful war to kun and knaw, To listen and lere þai er ful slaw.

Oft werden ferner die nachstehenden verbindungen von verben gebraucht, welche eine geistige thätigkeit im allgemeinen bezeichnen.

1b 39: And al for lewed men namely, þat can no maner clergy, Wo teche hem it were most nede; For clerkes can boþe se and rede In diuerse bokes of holy wryt, How þei schal lyue and þei loke it. 307: Som can se in buk swilk thyng and rede, Bot lightnes of hert reves þam drede; cf. 7591, 7872. 4a 27: þe fyrst word is pater ryght, þat is a word of gret myght; For it makyth us sone to spede Of owre askyng, whan we han nede, Os we may boþe se and fele, ʒyf we vnderstonde þat word wele. 22b 16: Mekenes in werk schewyth it ryʒt For whan a man is besy ay, To don al þe gode þat he may And namely þe werkys of mercy, þat ouer alle oþere ben most worthy, þan may he in mekenesse se and fele, þat in werk schewyth it wele Thorow scharp peynes of hard lyfe to lede Mekenes schewyth it in werke and dede; cf. 45a 31. 616: And þat may a man bathe se and fele, þat wil byhald him-self wele. 3956: First what it es to fele and se, And whar god has ordaynd it to be; cf. 900, 2735, 2900, 4735, 6373, 6973, 9361. 5a 8: So men se may and knowe þe godnesse þat in god þe fader euere redy is. 73a 24: Here may men se and knowe Many synnes wryten on a rowe, He þat lokyth hem ouer grethely, May wyte of what synne he is gylty. So may he ransake al hys lyf And knowe of what he schal hym schryue. 191b 11: Os men may cnowe a swyne and se Be þe tunge, ȝyf it hool be. 199b 40; It is no vertue vnnethe nor synne, þat he ne schal fynde it wryte þere Inne, þanne may he cnowe and se þere by, Of what synne he is most gylty, 200a 1: And what remedy is þere agayne Or vertu þat is moste certeyne. So may a man knowe and se, What he is and what he schulde be. 179: Of many thynges, to knaw and se þat has bene, and es, and yhit sal be. 189: For-þi þai can noght knaw ne se þe peryls þat þai suld drede and fle. 2420: Swa þat we may se and knaw by sight, Whether we þam dide wrang or ryght; cf. 990, 7595, 8189, 8214, 8227, 8364. — 17b 43: þeyse ben þe seuene ȝyftes of þe holy gost, þat comyn of þe fader and sone of wyȝtes most; þerfore owre sowles best schulde be, Os ȝe schal aftyr here and se. 130b 11: Mo þan I wyl now answere þe Schortely, os þou schalt here and se. 39: Als men may se in þis boke contende, þat wille it se or here to þe ende. 590: When he may ilk day here and se What he es, and was, and sal be; cf. 1590, 2402, 2583, 3260, 3999, 4448, 4525, 4954, 5342, 9582, 9603. — 177a 27: þe seuenthe braunche, os men callys, Is stryuyng þat among sommen fallys, Os whan men flyte or myssays, þis is a synne þat þe fend payes. For seynt Austyn seyth þat no thyng Payes more þe fend þat stryuyng. Be þis we may cnowe and fele þat non oþer synne hym payeth so wele. 188a 21: For he þat wyle drynke of it wele, He may cnowe and thorow skyle fele. 188a 27: To cnowe hys creatoure and fele And wyth al hys herte to loue hym wele. 216: For he may noght right god knaw ne fele Bot he can first him-self wele. 1158: Bot wald a man ryght knaw and fele What þe world es, and byhald it wele; cf. 8367, 9564. — 130b 17: For I wyle vnderstonde and wyte þat, where þou go, stande or sytte, Al þat þou thenkys on god nouȝt (Ms. nouȝt on god), þat þou schulde haue in thouȝt. 6252: Bot ye sal understand and witte, Als men may se in haly writte. 8197: þai salle knaw alle thing and wytt, þat god has done and salle do yhit; cf. 6425, 8229, 8272, 8367. 169a 32: But ȝe schale vndyrstonde and se, þat þe wycked is þe tre, þat oure lord god al weldande Waryed, os I vnderstonde, For þi þat he fond nouȝt ellys, But leuys, os (Ms. oys) þe boke tellys, Be leuys in holy wryt thorou skylle Be vnderstonde wordys ille; And strong it is to telle be tale Alle leuys of þe tre, grete and smale. 265: Ne he can noght undirstand ne se þe paynes, þat after þis lyfe sal be. 2356: Here may men se and undirstande, How foul es syn and how fylande; cf. 1033, 6284. — 161a 5: Anoþer ȝyfte of þe holygoste Is nexte aboue þat is moste, To lyȝte þe whyche men calle þe ȝyfte of wysdome þat specially may to vs come Thorou þe fyrst askyng, þat we say In þe pater noster whan we pray. þis is þe hyest ȝyfte and þe moste, þat makyth a man to fele and taste. 182a 29: þis ȝyfte of wysdom is þe moste And þe hyest of þe holygoste, And þe hyest to purchace, And þat is a special grace, þat þe holygost to hem gyues, þat in contemplacioun lyues. Thorou þe herte is fulfyld namely Of þe brennynde loue of god almyȝty For þat it sekyth nouȝt thorou longynge Ne desyreth here non oþer thyng, But only to taste and se And hym to haue and wyth hym to be. 182b 5: But þe ȝyfte of wysdom, þat is most, Makyth it to cnowe and fele and taste.

Erwähnenswerth ist ferner 8b 6:

þerefore yche man schulde loue os sustyr and broþer And non of vs despysen oþer, But euery man oþer schuld honoure And helpen in nede and oþer socoure, Os don þe lymes of on body Eueryche helpyn oþer kyndely. 92a 7: For þei don god gret honowre þat þe pore wylen helpe and socoure. 5860: þat es to say, of ilka neghebur, þat men fals to help and to socur.

Beachte ferner 66a 28:

Nobles of herte in eche a chawnce Thrystenes, sykernes and soffrawnce, Stedefastenes, þat myche may vaille And lastendnes wythouten faille, Hungre and thryst of ryȝtwysnes, And eche of þeise a vertu is. Nobleste of herte þere gode wylle lys, Schewyth it wel in two partyes. On þe ton syde to despyse and fle þe world, þat is nouȝt but vanyte. 1362: Bot he may be called witty and wyse, þat þe world can fle and dispise; cf. 1097, 9426. 181a 23: þo be wode houndys þat gnawys And byten and here lord not cnowys. 862: And when it es in erth layd lawe Wormes þan sal it al to-gnaw, Til þe flesshe be gnawen oway and byten; For-why we fynde þos in buk writen; cf. 6573, 6903, 7089, 9454.

Endlich sei auf den häufigen gebrauch der folgenden redewendung hingewiesen:

3a 23: It (sc. pater noster) is al so lyght to say, For men scholde thorow it oftere pray, Sotel to vnderstonde is it, For men schulde þere In sette here wyt On þe sentence of it namely Thorow gret besynesse and study. 5b 12: Þe fyrst ȝyng, þat god askyth of vs, Is loue þat we loue hym þus Wyth al owre herte, in body wrowht, Wyth al oure soule, wyth al owre ȝowht, Wyth al oure herte, þat is to say, þat we on non ȝyng, nyght nor day, Sette oure herte to loue mare þan god, how so euere we fare. 131b 21: þere schulde a man putten owt of hys herte Alle idele thouȝtes, þat comyn ouer thwerte, And sette stedefastely al hys thouȝt On god only, þat hym made of nouȝt; cf. 190b 27. 95: Bot he þat his wille til god wil sette Grete mede þarfor mon he gette. And he þat til ille settes his wille Grete payne sal have for þat ille. 269: Bot in his delytis settes his hert fast And fares als þis lyfe suld ay last; cf. 952, 1340, 1367, 7226.

Um das von ihm gesagte recht klar und verständlich zu machen, bedient sich der autor der vergleiche, welche, gewöhnlich sehr natürlich, dem an sich trockenen stoffe an den betreffenden stellen bisweilen eine grössere lebendigkeit verleihen.

7a 30: þerfore we schulde nyȝht and day, Whan we þe pater ure say, Os meke os ony chyld and buxom be To god oure fader ful of pyte. 29b 10 vergleicht der dichter die worte qui es in celes mit dem thor, das in eine stadt führt, indem er sagt: þese foure wordes ben þe prologes calde Of þe pater noster, os I halde, þat is ryȝt os an entre Of a town or of a cyte. Into a cyte no man may Come but be an entre of a way. So schal we come on þe same manere Be þis prolog to þe ryȝt prayȝere. 30b 40: On þis wyse þe gost of wysdom Haleweth þe herte þat is buxom. Fyrst he closeth and fyneth it ryȝt, Os fyr fyneth gold and maketh it bryȝt. 3002: And þe saules in þat fire be pyned Unto þai be als clene als gold fyned, And when þai er fyned and made bright, þei sal be broght befor goddes sight. 2720: For swa pured and fyned never gold was Als þai sal be, ar þai þethen pas; cf. 2632. — 52a 13: þe meke hym lowyth to serue comownly, Os doth an asse þat ofte beryth heuy And beryth al so wel barly os whete And al so faste goth for smale or for grete. 97b 9: Angre þow it be greue to syȝt It clensyth þe soule and makyth it bryȝt. Ryȝt os fyre makyth golde fyne, And os þe yren þe fyle doth to schyne, And os þe fleyl þe corn dynges Owt of þe chaf, þat on it hynges. 3336: For als gold, þat shynes clere and bright, Semes fyned clene ynoghe til mans sight, Whar it put in fire to fyn mare Yhit suld it leve sum dros þare etc.; cf. 3348. 114b 35: For ryȝt, os þe fysch wyth þe hooke May be sone take, os prouyth þe boke, So may a man betake be skylle In ille tyme thorou leccherows wylle; Os þe fyschere, þat þe fysch wyl wayte, Coueryth hys hook wyth hys bayte, And whan þe fysch þe bayte may se At þat mete fayn wold he be. þe fysch drawyth ner and be it houys And of þat bayte fyrst byteth and prouys, And sythen he swelwyth it at þe laste. þan is he take wyth þe hook faste; Ryȝt so þe feend cacchyth a man Thorow þe sleyȝtes and wyles þat he can. 56b 21 vergleicht der dichter die tugend der vnderyng mit den gliedern des körpers: Innocence thorow vnderstondyng, þat is to say vnderyng, þat is þat non schal other dere, But eche man schulde oþer forbere, Os þe lymes don of þe body, Eche forberyth oþer kyndely And non of hem wele oþer greue. For eche is to oþer leue, But þe lymes, þat be so louande, Innocence we vnderstonde. We, os lymes of on body calde, þerefore we schulden þat vertu hald. 67a 25: Stedefastnes is profytable þat festenyth þe herte and makyth it stable, Os a towr þat grownd has tane Vpon an hard roche of ston And os a tree in þe erthe rote fast, þat no wynd nor storme may down caste, So schulde a man þat hath wyt Stedefastely hys herte knyt. 121b 34: þe wyttes of a man þat is idele Fare os an hors wythowten brydele. 123a 17 ist ein bekanntes sprichwort eingeflochten: For men seyn on olde englysche A comown word on þis wyse; So longe þe pot to þe water gos þat at þe laste it is brokyn percas. 125b 26: þe thyng, þat is of most prys, þat lastyth ay wythowten faylyng, But he wyl nouȝt wyth a lytel thyng Paye ȝow os men lyȝtely may Wyth an appryl a chyld pay. 128a 31: Ryȝt so prayere and orysoun Wythouten loue and deuocioun, Os clerkys say, he is no betere þan a messyngere wythouten lettere; Prayere þat men here mas Os messyngere to þe cowrt gas; Deuocioun is os þe lettere wyth þe sele þat prayere it beryth os messanger lele; And who so sendyth swyche messangere To þe cowrt on wrong manere, 128b 1: Wythouten lettere priue to rede, He schal not wel hys nedys spede; For men seyn þus os often betydes, He þat fole sendyth fole abydes And fole wendys and fole comyth home, But he, þat sendyth, is most to blame. 187b 9: And Seynt Austyn seyth, lord, my herte Ne may not be in pees nor querte, Tyl þat I may reste in þe, þere pees and reste only behouyth be, No swyche loue for erthely thynges Owt of þe myres of þis world springes; But owt of þe heye roche of stone, þat is oure lord god alone; On þe whyche þe grete cyte stondys Of paradyse abouen alle londys; And holychyrche þat gode cyte þat is Jesu Cryst blessud be he, On whyche thorou trouthe is set faste þe strong castel, þat ay schal laste. þat be þe holy hertys to fele Of gode men þat lyuen wele; Of þis hye roche comyth þe welle Of parfyt loue in herte to dwelle, þat is clensyd and clene mad Of þe loue of þis world brad. þis welle is so clere and bryʒt, þat þe herte may se thorou gostely syʒt In it, þat is so clere of coloure And knowe hym self and hys creatoure, Ryʒt os a man seth thorou þe eyre Hymself in a welle, þat is clere and faire; On þis welle þe herte it restys, þat after þe loue of god threstys. Ebenso ungezwungen und natürlich sind die vergleiche im St. csc.; cf. 672, 704, 1225, 1235, 1902, 2224, 2908, 6443, 7013.

Ueberblicken wir endlich das über den stil beigebrachte, so ergiebt sich mit voller gewissheit, dass die verwandtschaft beider gedichte auch in diesem punkte nicht zu verkennen ist. Die vorwiegend in betracht kommenden momente sind: die vollständige oder annähernde gleichheit vieler verse, die gleichmässigkeit im gebrauch gewisser phrasen und redewendungen und die unleugbare vorliebe für gewisse wortverbindungen. Diese übereinstimmung im stil fällt bei der untersuchung der frage nach dem verfasser ganz besonders in's gewicht.

Es erübrigt schliesslich noch, beide gedichte in bezug auf den geist, welcher sich in ihnen ausprägt, mit einander zu vergleichen. Beide werke haben eine grundanschauung, eine stimmung gemeinsam; der gedanke, der sich wie ein rother faden hindurchzieht, ist der von der falschheit und vergänglichkeit der welt und ihrer freuden, und im gegensatz hierzu von der güte und langmuth gottes und von den himmlischen freuden, welche einst den gerechten erwarten. Man gewinnt die überzeugung, dass des autors worte aus dem herzen kommen, man fühlt, dass derselbe von ihrer wahrheit ganz durchdrungen und für jedes derselben einzustehen bereit ist; man staunt über die hervorragende gelehrsamkeit, welche er entwickelt, und die sich besonders in dem tiefen eingehen in sein sujet bis in die kleinsten details zu erkennen giebt. Alles das ist aber nur durch die annahme eines geistes zu erklären, welcher das religiöse gebiet in jeder hinsicht beherrscht.

Freilich könnte noch eine untersuchung über die quellen beider werke erwartet werden. Eine solche ist in bezug auf den St. csc. in grossen zügen von Reinhold Köhler in Lemcke's jahrb. VI, p. 196 ff., geboten worden, und diese hätte sich noch erweitern lassen. Nun ist in zwei handschriften des Sp. v. auch eine vorlage genannt, welche jedoch bis jetzt nirgends aufzufinden ist; durch diesen umstand wird aber jede untersuchung über die benutzung der vorlage illusorisch gemacht.

Schliesslich könnte man noch fragen, ob die von Small edirten Metrical Homilies, welche ebenfalls dem nördlichen gebiete angehören, eine verwandtschaft mit diesem gedicht in stilistischer beziehung, im wortvorrath und in dem gebrauch gewisser redewendungen aufweisen. Eine eingehendere prüfung derselben in dieser hinsicht hat mich überzeugt, dass die in unseren beiden gedichten nachgewiesenen übereinstimmungen von jenen homilien nicht getheilt werden, und somit dieselben unmöglich demselben autor angehören können; ich verweise auch auf Mätzner, Spr. pr. I 1, p. 285 ff., der in der einleitung zum St. csc. für dieses gedicht wie für die homilien ebenfalls verschiedene verfasser annimmt.

Fassen wir das gewonnene resultat der untersuchung über die autorfrage noch einmal kurz zusammen, so besteht dasselbe in den nachweis der übereinstimmung beider gedichte in bezug auf dialekt, stil und geist, und ich glaube damit alles für diese frage verfügbare material beigebracht und durch meine ausführungen in hohem grade wahrscheinlich gemacht zu haben, dass der verfasser des St. csc. identisch ist mit dem des Sp. v., d. i. Richard Rolle von Hampole. Ein späterer editor des Sp. v., dem das ganze handschriftenmaterial zur verfügung steht, wird die verfasserfrage mit besseren mitteln wieder aufzunehmen haben.

Schliesslich ist noch zu betonen, dass, da sich der vermerk des schreibers Reynold am schlusse des gedichtes als nicht anfechtbar erwiesen hat, auch, obwohl nicht mit absoluter sicherheit, so doch mit grösster wahrscheinlichkeit, seine andere angabe, welche ebenfalls Richard Rolle als den verfasser der prosaabhandlung hinstellt, als richtig anzusehen ist.

VITA.

Natus sum Julius Ullmann Vratislaviae a. d. VIII. Cal. Jul. a. h. s. LIX. Fidem amplector catholicam. Primis litterarum elementis in schola ad St. Matthiam instructus adii gymnasium reale cui nomen est am Zwinger, ubi testimonium maturitatis legitime mense Sept. a. h. s. LXXIX assecutus sum. A. d. XI. Cal. Nov. a viro ill. Weinhold qui tunc fasces tenebat academicos, inter cives Universitatis Litterariae Viadrinae Vratislaviensis receptus ordinique philosophorum adscriptus sum, ut studio litterarum linguarumque recentium atque Germanicarum incumberem. Docuerunt me professores illustrissimi: Dilthey, Dove, Gaspary, Gröber, Kölbing, Partsch, Reifferscheid, Weber, Weinhold. Seminarii Regii Rom. et Angl. auspiciis proff. Gaspary et Kölbing per tria semestria fui sodalis ordinarius.

His et quos supra dixi viris doctissimis gratias ago quam maximas semperque habebo.

THESEN.

I.

Die lautphysiologischen untersuchungen der neuesten zeit sind nicht, wie Trautmann, Anglia I, p. 587 ff. will, für die schule zu verwerthen.

II.

Wenn in der englischen fassung der Gregorlegende sich neben der reimfolge ab ab ab ab auch ab ab cd cd findet, so liegt dies an der überlieferung des schreibers, nicht am autor, wie F. Schulz, Die englische Gregorlegende nach dem Auchinleck Ms., Königsberg 1876, p. 58 und J. Schipper, Altenglische metrik, Bonn 1881, p. 346, annehmen.

III.

Der wortschatz der englischen lyrik des 12. und 13. jahrhunderts, ebenso der von Boeddeker veröffentlichten lieder verdient in specialglossare zusammengefasst zu werden.

IV.

Die elemente der historisch französischen und englischen grammatik sind in das bereich des schulunterrichts zu ziehen.

V.

An der von Chabaneau, Histoire et théorie de la conjugaison française, Paris 1878, p. 40 ff. aufgestellten scheidung der französischen verben in solche mit lebender und erstarrter flexion ist festzuhalten; die eintheilung in schwache und starke verben ist als veraltet zu verwerfen.

VI.

Schärfer als die Sensualisten hat Descartes das erkenntnisstheoretische problem erwogen.